張玉琦——大魔王的戀愛人類學筆記——著

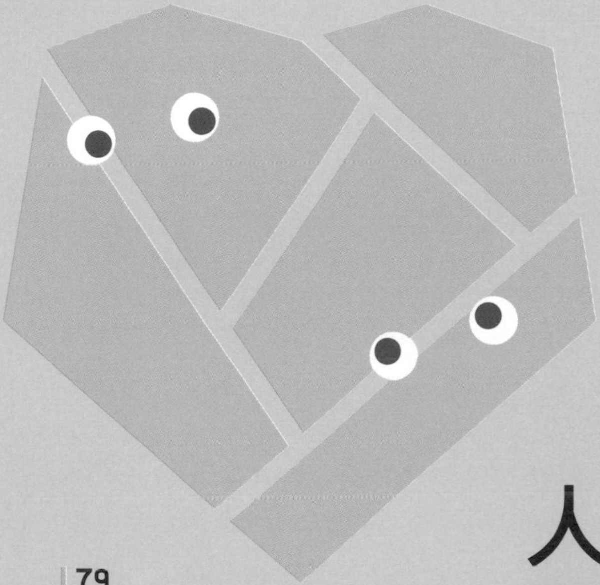

精準撩動人心的

戀愛人類學

先觀察
後剖析
多練習

79個經典情境
與實用技巧

Ecus Publishing House

目錄

Part 1 觀察、歸納，窺視愛情的起源與滅亡

Part 2 不同群體的戀人田野調查

Part 1

觀察、歸納，窺視愛情的起源與滅亡

人類學是「最具科學性的人文學，以及最具人文性的科學」。而愛情，也充滿了科學與人文的觀察。

觀察 1

錯誤歸因，打造愛的開端

你最開始喜歡的，不是他那個人，
而是他恰好存在的氛圍。

錯誤歸因是一種人常犯的錯誤。比如A事件和B事件同時發生造成了C結果，但當事者誤認C結果為A事件所造成，其實是B。戀愛中有種常見的錯誤歸因就是，你以為你喜歡上對方。

女生在火車上遇到共乘的旅客，她不小心失足差點跌倒的同時，男生一把攬住了她。她看著這位不算難看的紳士，感覺心臟怦怦地跳。陽光刺眼地從男生背後射過來，戀情就這樣萌芽。

這是不是典型的戀愛故事開頭場景？這是錯誤歸因的舉證，女生為什麼心臟會怦怦跳呢？因為快跌倒腎上腺素激增，而搭救她的男生與腎上腺素一併出現，被誤認為是男生造成的結果。

「我為什麼心跳得這麼快還帶著暈眩感？莫非是戀愛的徵兆？」此時錯誤歸因已經大功告成。

你會說，這麼誇張的事情哪會在現實生活中發生啊？其實每天都在發生喔。比如說參加夏令營，本來大家都是朋友，突然之間就有人在一起了，為什麼？因為辦活動會營造團隊信任，競賽活動又增加緊張感，你發現你突然之間好信賴對方（其實只是在大地遊戲的時候），跟對方在一起都好有趣（其實只是因為主辦單位都會安排活動），錯誤歸因造就多少夏日戀情！

再說短期旅行，大家本來都是朋友，怎麼出去玩個兩天，有人就開始變得親密。旅行時高昂愉快的心情常常會連帶讓旁邊那個人沾到光。**所以你去了一個從來沒去過的地方，覺得自己心情這麼好應該也跟帶你去的那個人有關吧，這就是錯誤歸因。**

其他比如酒精，小房間的戀愛（朝夕相處於狹隘的環境裡因而莫名其妙喜歡上對方）、外遇（緊張感導致的激情）與權力關係（上司下屬，老師學生，權力造成的屈服感）都是常見的錯誤歸因。

當然我不是說這些狀況下的戀愛是假的，而是天雷勾動地火的那一刻並不必然是命中注定，而很有可能其實是被其他你以為不相關的事情推了一把。你最開始喜歡的，不是他那個人，而是他恰好存在的氛圍。

那你一定也會問我，沒有錯誤歸因還會有戀愛嗎？當然有，有一款戀愛是走驀然回首的路線，伊人從來沒得到錯誤歸因的機會。

男生該不該製造錯誤歸因？你問我的話，我會說，當然啊！你這傻子。就算開頭有點錯誤，之後變得美麗不就好了？女生該不該辨認出錯誤歸因？確實會減少你的一些麻煩，但你會變得非常難追。

觀察 2

戀愛的好處

正因為戀愛沒什麼好處，
我們還是喜歡彼此，才證明了喜歡的價值。

有人問我：「戀愛有什麼好處？」我真的想不出來，要我舉出單身的好處，倒是隨便可以說出很多。對我來說，單身最大的好處就是不用承擔另外一個人的情緒。不會有一個人覺得他可以合理地對你憤怒要你安撫，吃醋認為就是你的錯，希望你關心他、照顧他、為他著想，不會有一個人覺得，你該對他負責。第二大的好處就是時間都交給自己安排，想休假隨時都可以休不用喬時間，也不用只看兩個人都想看的電影，不用陪對方的朋友跟家人，想運動、學日文、去夜店跳舞，到哪裡過夜也不用跟誰交代。

寫到這裡赫然發現，搞不好上述的現象，其實是別人心中戀愛的好處（拍額）。

我拉哩拉雜講了一堆單身的好處，想說應該可以藉著對照講出一些戀愛的好處吧，結果又出現靜默。我反省一下，主要是因為我不寂寞，我不需要打發時間，單身的時候，遇到星期五也不會焦急地問大家晚上要去哪，我每天早點下班就去運動，週末整天在家看小說看漫畫，翻翻身一天也就過了。我弟有天對我說：「你是不是從來都不會約別人，都是別人約你啊？」不知道他哪裡來這個犀利的觀察，但總之電話來了我會打扮漂亮出門，沒有電話我就寬鬆舒適地在家滾動。

對許多人來說，戀愛的好處是，你知道自己要找誰，有想看的電影你知道要找誰看，想去吃那家餐廳，知道要跟誰去，想去哪裡玩，知道要跟誰計畫。傷心的時候吵著要他陪，憤怒的時候要他想辦法讓你消氣，無聊的時候要他想辦法消磨時間，快樂的時候想找他一起分享。不過對我來說，這都不是戀愛的好處。我不會因為這樣而想要談戀愛，有固定對象的安心感比較適合怕寂寞的人。

我甚至常覺得戀愛是在給自己找麻煩。你讓一個人住進來，允許他依賴你，允許他的理所當然，也是允許自己的理所當然，戀愛裡的人常都不理智，他使性子，我也使性子。有些時候我在戀愛裡哭泣，為了一些我若不是在談戀愛的話必然會嗤之以鼻的理由。可是因為我在談戀愛，因為喜歡你，所以為了這丁點大的事情就掉眼淚，為了你跟我兇兩句就覺得天要塌了。

其實戀愛沒什麼好處。那麼我們為什麼要戀愛？

不就是因為我喜歡你，而你也喜歡我嗎？不就是因為你肚子越來越大我卻覺得你無比可愛，不就是因為冬天我手腳冰冷你沒避開，還把我的腳扛到你肚子上取暖嗎？**正因為沒什麼好處，我們還喜歡彼此，才證明喜歡的價值**。

我們還可以把壞處當做好處，我們把麻煩當甜點，把快樂悲傷建築在對方之上，把他當寶，把他的消失過得像黑夜，甚至喜歡他的缺點、他的壞脾氣、他的厚嘴唇、他吃完東西不擦嘴。**喜歡的不理性，讓我們身不由己，甚至有沐浴其中的感覺**。英文有個字，此時卻想不出對應的中文，overwhelmed。我不會說喜歡有什麼好處，但我喜歡你，那就夠了。

#觀察 3

牽手的特殊性

擁抱誘惑的是身體的愉悅，接吻挑戰的是道德的界線。
只有牽手的幸福感來自於喜歡，真切的喜歡。

最近看到別人在討論「牽手」這件事，這麼久以來，牽手跟其他肢體接觸的意義還是不一樣。她問他：「牽手、擁抱、接吻，哪一個對你來說是男女朋友的表徵？」

他回答牽手，她有一點不能理解，但我能。擁抱及接吻帶有肉體、性的吸引力，可以在激情大於愛情的情況下發生、在需要大於喜歡時發生。所以人空虛時會想要人抱、想要抱人，想要親密感。但我們鮮少聽說「我好空虛唷，我想要跟一個人牽手」這種話。

牽手的幸福感就是來自於喜歡，真切的喜歡。擁抱誘惑的是身體的愉悅，接吻挑戰的是道德的界線。**牽手才讓你知道，你願不願意，你喜不喜歡，你能不能自在地和身邊的這個人幸福下去。**

我這個年紀已經聽過太多莫名其妙就上了床的例子。有些後來變成男女朋友，有些仍然只是會上床。可以做但不能說的事情很多，這些也只是不太方便說而已，大家自己高興就好。那些直接接吻擁抱上床的，多的是在公開場合連手也不願意牽的。

牽手不太能滿足激情跟欲望，它滿足的是甜蜜。那就是為什麼愛人明明就在我身邊，我還會跟他說我好想你，那也是為什麼你不牽著我，我就連路也不會走。

H向A伸過手。那時他們不是男女朋友，其實。幾年來來往往，不過是感情在拉扯，從來也沒有交往更遑論分手。那時候H帶A去玩，回家的路上他步子往前走，手向著後面的A，掌心朝上。A猶豫了一下，手向前伸追了上去。H才對A說：「你若帶我去見你朋友，說我是你男友，我也會承認的。」他們彼此確認彼此的喜歡，儘管終究也只有喜歡。

D想要B牽她的手。那時他們也不是男女朋友。D有點喝醉了讓B來接她回家，開車回家的路上D的手臂放在兩人之間的扶手上，自手腕開始懸空垂著。B開車中輕碰了她的手指一下，爾後又放開，就這麼到了她家。「為什麼不牽我的手呢，」她想，「他應該是喜歡我的呀。」B之後跟她說：「因為你醉了。我若要牽你的手，也是要你知道我要牽你的手，才牽。」

雖然開頭是講男女朋友的表徵，講的故事都不是男女朋友，我想這就是經驗值的差距。

#觀察 4

取了專屬名字，你便屬於我

取個名字之後好好地疼愛，
就連樂器都想要屬於你。

《陰陽師：夜光杯卷》寫過取名的故事。故事是這樣的：博雅幫異國來的樂器取了名字又對她說話，樂器因此有了靈氣，想成為博雅的所有物。

取個名字之後好好地疼愛她，就連樂器都想要屬於你。在茫茫人海中，我們雖然都有名字，其實也都沒有名字。**假如有人用什麼名字喚我，從此之後我便屬於那個名，甚至屬於那個幫我取名字的人。**而假如有一天關係失去了，再也沒人叫那個名字，那麼屬於那名字的人格也從此遺失。

我總是深刻感覺到這件事，可能因為人格本來就多變，我知道我再也不會那樣說話，做出那個動作，吐出那個字。而這些改變絲毫不需要壓抑，它就是消失了，猶如從未出現過，好像它從來不曾是我的習慣，我身上也沒留下一絲痕跡。

另外一個故事或許比較少人聽過，漫畫《怪物》裡引用了一個德國童話故事叫〈沒有名字的怪物〉：有隻尋找名字的怪物，它把自己分裂成兩半，一隻向東一隻向西，一隻一直躲在別人身體裡偷別人的名字來用，但後來總是忍不住飢餓把身體的主人吃掉。最後它又遇到自己的分身，也把它吃掉了，所以雖然它有很好聽的名字，卻沒人可以叫它了。

悲傷與寂寞來自好不容易有了名字卻沒有可以叫它的人，其實尋找名字不如說是尋找認為自己是特殊存在的人，你想要應和某人對你的呼喚，是因為對方帶著情感叫你，不是叫住路人而已。所以最後雖然怪物有了名字，但所有與牠有關係的人都被牠吃了，牠仍舊是隻沒有名字的怪物。

有時候我懷念我失去的名字，有時候認為至少記得我曾經被那樣稱呼過。有時候看著對方想著，我曾經那樣叫過他，那樣親密甜膩又理直氣壯，這時才覺得唏噓。

#觀察 5

戀愛以外的小名

取外號或小名的意思就是新的身分。
因為只有對方這麼呼喊你，就你的新身分來說，對方就是女媧就是上帝。

有看過《陰陽師》的就知道，如果妖怪叫你的名字，你一定不能答，答了就中了對方的咒。戀愛也是一樣，彼此下咒。

小名是戀愛中必備的道具，當然在一起兩三年還是連名帶姓帶姓叫的情侶不是沒有，不過可以想像互稱老公老婆或寶貝、baby或貓啊狗啊等動物的情況多些。

取外號或小名的意思就是新的身分，因為只有對方這麼呼喊你，就你的新身分來說，對方就是女媧就是上帝。

有時候這小名會親暱到無法在公開場合使用，以致公開場合情侶間只能互稱「喂」。又或者兩人太親密了，打電話時也只會說「是我」。後面這兩種，是小名的逆向操作，用不指定代名詞反向強調了對方的重要性。意思就是，儘管字面上只是個「喂」，這個字我也只用來指稱你。

這次的重點放在戀愛以外的小名，因為戀愛當中的小名大家都差不多就那樣，了無新意的情況多些。每當我開始對人產生興趣時，由於把對方視為非常特別的存在，經常就在相處當中莫名其妙幫他取了小名。**而由於這小名往往是出於我個人的觀察，可能從來沒人叫過，導致對方就因此被我「正名」（或者是汙名），後來發現這是建立特殊關係的捷徑，也就是對對方下咒。**

高中時幫後來成為男友的人取了像狗的名字，大學時代則幫後來成為男友的人取了像貓的名字，雖然不是挺好聽，但你硬這麼叫讓他答了腔，久而久之他也就收下這個標籤，或許連帶著你的感情。

假如對方從來沒被這樣稱呼過，結果你叫了之後竟然全部的人都跟著叫，你看看自己的地位有多崇高。不過，要看對方記不記得是你幫他取的，才知道他是不是在意你。我為此向好友確認，我是不是第一個認為他頭大的人。對方竟然也能說出他幫我取的小名，且是屬於某一個時期的，沒有任何其他人知道的小名……這就是愛。

反過來說，沒有名字是不是就比較沒有感情？我曾經看過一則新聞，有位主人飼養寵物時都不願意幫牠們取名字，因為害怕取了以後失去會傷心。如果牠就只是條狗，就只是隻貓，生物學上的名詞會讓整件事變得客觀些嗎？恐怕只是人類的自以為是，名字是特殊感情的具象化，並不代表它同時可以逆向操作。不過，我必須承認有時會說出「幹嘛要取名字」這種話，因為有些人事物不是在可見未來內就會消失了嗎？

#觀察6

他其實不夠喜歡你

不要跟你不夠喜歡的人在一起。
有時候奴隸比壞人還快樂，因為有時付出比無法付出更快樂。

有時被不夠喜歡比被討厭還痛苦。

不夠喜歡其實就是關係的不平衡，跟討厭不一樣。對方討厭你，你可以討厭回去，可以視若無睹，就算在希望對方喜歡你、但他其實討厭你的情況，至少你都知道對方的心情。

不夠喜歡就很折騰人。常見的情況是，你有時候約他成功，有時候不成功，有時候他看起來對你還不錯，有時突然冷淡。有時他講一兩句關心你的話，有時他對你的所作所為漠不關心。你的邀約總有成功的機率，但怎麼也無法拉近兩人的距離。被不夠喜歡就是這樣，他能跟你單獨約會、能跟你 LINE、能跟你曖昧簡訊，但你說不準什麼時候可以下一步，或是有沒有下一步。

一方不夠喜歡另一方的時候，也常有演變成炮友的。很久以前，交往的順序好像是先喜歡到可以在一起，然後才喜歡到可以做愛，但現在是對可以做愛的對象的喜歡比較淺，對可以公開在一起的人的喜歡比較認真。也有那種「我現在真的不能跟我男友分手」，或是「我早就把你當作我女友了，只是我們沒有公開而已」（啥鬼？），還有那種「你為什麼要對我這麼好。」（聽到就想呼他巴掌）

假如你也聽過類似的話，不用懷疑，人家就是不夠喜歡你。對方有沒有喜歡你、多喜歡、是不是真心喜歡，都只是修辭學上的問題，總而言之就是不夠。一個人不夠喜歡你的時候要怎麼辦？我無法建議你狠下心去如何如何，畢竟愛到卡慘死。我只能告訴你人家就是不夠喜歡你，你只要不欺騙自己（或被欺騙）「其實對方超喜歡我的」，能愛多久都由你。

想要對方喜歡你，只是不夠喜歡而已，這樣就夠痛苦了。你喜歡的人用不夠喜歡來折磨你，不應允你的想望，導致你更加渴求。就像戒不掉毒還要說吸毒真的很快樂的吸毒者，總覺得是意志力不夠是我的錯是自己甘願的，毒品是無辜的。

我們再來看另一方面。

就算是男女朋友，關係也常不平衡，恐怕甚至不平衡的狀況多些。由於我們很難度量愛，今天只要你好喜歡他，他也好喜歡你，你們彼此滿足於彼此的情感就好，不用去計較誰愛誰多一點。差距大到一定的程度，那個被不夠喜歡的可能變成奴隸，那個不夠喜歡對方的則變成壞人。

某天我們一群女生在討論不在場的一個姊妹和她男友，說很明顯女方比較愛男方，男方都把自己的需求擺第一位。我本來沒有特別感覺，直到親眼看到他們兩個人各拉一個行李箱，女生再把兩人的手提行李放在自己的行李箱上拉著走，而男生完全沒有異議這樣的安排。他不是故意的，只是因為不夠喜歡，無意中變成他人眼中的加害者。

其實這是一篇勸世文，不要跟你不夠喜歡的那個在一起，有時候奴隸比壞人還快樂，因為有時候付出比無法付出更快樂。

#觀察 7

「不夠喜歡」的典型下場

答應和他在一起只是個調皮的嘗試，
但調皮在戀愛裡會變成惡意。

因為不夠喜歡，他一直求她。

他從來沒有意識到這是因為不夠喜歡，因為他非常快樂。

怎麼可能喜歡我的女生會說她喜歡我，而且願意當我女朋友？她說雖然喜歡他，但不想這麼快就定下來，「你願意等我嗎？」她問。其實就算她是問他要不要當她的乾兒子他都會說好。

她說不公開，她限制他打電話給她的時間，她限制他們約會的次數，她不和他的朋友交朋友，她自由地和其他男生出去，也都告訴他，「你不會生氣吧？」她問，他知道就算他說生氣她也不會理會，不如說他不會生氣，就像這關係是經過雙方同意。

他得到的都是商量來的，明天可以約會嗎？耶誕節可以出去過夜嗎？我高中同學從美國回來你想跟我們去唱歌嗎？她偶爾應允，他心滿意足，認為她還是喜歡我的，只是還需要一點時間。他不會認為這叫不夠喜歡，這之後會叫做皇天不負苦心人。

因為不夠喜歡，她一直傷害他。

自始至終她都非常清楚自己不夠喜歡他。她原先並無惡意，也許之後會更喜歡他，她是這樣期許，明知道機率不高。

這是一個略帶調皮的嘗試，**跟一開始就沒那麼喜歡的人交往，後來會變得很喜歡嗎？調皮在戀愛裡會變成惡意，還沒變得更喜歡他，她變得更喜歡折磨他。**從他為難又假裝不為難、在意又假裝不在意、揣摩上意的行為裡，她得到虐待狂的快感。

她越來越討厭自己。這不是她想要的角色，曾經她有過極力取悅別人，想把自己嵌在對方身上、還沒分開就擔心要分開的時候。這虐待狂與被虐待狂的遊戲有一天會結束，而且應該盡早結束，她討厭折磨對方的自己，也無法叫自己多喜歡他一點。

她一直想告訴他，「我待你不好」，尤其當他滿懷感激細數她的好的時候。那真是少得可憐的好，你真的不知道什麼叫做好！「你對我真的很好！」他堅持，甚至在分手後。

他不明白她是因為不想當壞人才離開的。

觀察 8

從喜歡到不喜歡的細微變化

沙漏的沙在往下漏，你知道放著不管的三明治，
就算外表看起來毫無異狀，內裡正在腐敗。

跟不夠喜歡不一樣，不喜歡了是從喜歡到不喜歡，也就是情感的消逝。開頭總是一些最無足輕重的細微事件，因為那一開始不會是正確和錯誤那麼明顯的差別，也沒有愛和不愛那麼劇烈，那總是從一些就算你告訴朋友他們也只會說你想太多了，這根本沒有什麼，你幹嘛自尋煩惱的小事件開始的。

但你就是知道，沙漏的沙在往下漏，你知道放著不管的三明治，就算外表看起來毫無異狀，內裡正在腐敗。你也會叫自己不要管那些小顛簸，你也會聽信他說他只是累了睏了今天不想出門忘了帶手機，需要一個人靜一靜，他還是很喜歡你。

你知道有些東西不對勁。

以前他總是接你的電話，就算他在上班在開會在上廁所，他九成九會接，就算接了只說他在上班開會上廁所也好。然後他第一次沒接，第二次沒接，第三次沒接，過了三個小時也沒回電話，就說他忙起來沒注意手機已經轉成靜音。

然後他出差前一天才說他要出差，也不要你去接，「太麻煩了，我回來再打給你。」本來飛機一落地他就會打電話，現在到家了才打，「剛回來好累，我先去睡，明天醒來再打給你。」有天晚上你們在看電視的時候，電話響了他接起來往房間裡走。這不是他第一次在房間裡接電話，卻是第一次電話時間長度經過兩次廣告。

然後你大學學長要結婚了，他說一起去吧，剛好那天他也要回台北，「喔，好啊！」本來學長就問你會不會帶男友，你說看看，雖然他嘴巴說好，你仍不敢跟學長敲定加一，出於動物能預知天災的直覺。

他來台北的時候已經排好自己的行程，中間一天晚上會陪你喝喜酒。以往他來的時候，問他想幹嘛一問三不知，你總是那個負責想餐廳的人。現在他有一些自己要買的東西要見的朋友，你在他行事曆中預約了一個時間。

花在謝，河在枯，太陽好大，曬得你發暈，他總是說沒事，你想坐下來歇歇，然後你走不動了。「你是不是不喜歡我了？」並非出於撒嬌或憤怒或傷心，只是因為累。「嗯……你為什麼這樣問？」

#觀察 9

不喜歡了，然後呢？

不喜歡了但還是覺得對方好，以為自己還能回來，其實就算對方願意等，你也很難很難再喜歡一次了。

戀愛是這樣，你會徵詢很多人的意見，最後只做自己想做的事。

不喜歡了之後，他跟她說，我們先當朋友吧。先當朋友是什麼意思？這麼好的女生我不留著很可惜，但我想出去玩一玩以後再回來。而且我們也不算完全分手了，但我需要跟另外一個女生說我單身。

不喜歡了但還是覺得對方好，以為自己還能回來，其實就算對方願意等，你也很難很難再喜歡一次了。已經棄之如敝屣的東西，要怎麼撿回來當寶貝？假如曾經有一度，這喜歡還不夠讓你不拋下她，我不知道以後要花多少時間灌溉，還是說，你該不會以為同情也是喜歡的一種吧？

或是，不喜歡了之後，他發現自己需要她。因為不喜歡，所以不會擔心自己傷害她，需要的時候找她就是了，她喜歡我，她會給我我需要的。她喜歡他，所以明知道他不喜歡了，也還為他擔心，也還希望他好，一邊保護自己一邊希望不要傷害他。他把需要隱藏在喜歡的糖衣下，反而讓她覺得自己更為不堪。

或是，不喜歡了之後，所有好的回憶折損殆盡，他們無止盡地爭吵、冷戰。吵完仍忿忿不平想找人評理的時候，又已經忘了為什麼吵。她知道路有盡頭，他也知道，但還沒打算宣布終點。沒有喜歡，還有別的，別的就夠再撐一下吧。

痛苦的並不是盡頭，而是我們真的不願意，一段戀情裡那些值得珍藏的卻怎麼都想不起。

觀察 10

感情的期末考

這年紀，分手很像抽鬼牌，
你很想趕快配對脫手。

這個冬天寒風颯颯，身邊一堆人分手，就像是大家都在同一天考期末考一樣，把過去學到的東西都拿出來檢視。

考過的紛紛宣布喜訊。若沒跨過去，就是爆了、破了、停了、碎了，總之走不下去。

我不知道這考試是怎麼運作的，有時候規則是結不成婚的就要分手。這當中可能包括本來想結但想說可以再等一下，中間拖著拖著就不愛了。也包括本來就知道不太會結，但年紀差不多了，我不再假裝不想結婚，你也挑白了說不想結婚，就珍重再見。也有那種，我們一直都想結啊，步驟也按規矩來，直到最後的最後，其中一個人無法擺脫那個念頭：「我能確定要跟這個人走一輩子嗎？」想了幾天幾夜也答不出來，就跑了。也有那種我們真的很想在一起，此時此刻終於要面對最後大魔王，我爸爸他媽媽，過不去，心也灰了，意也冷了。

這從某個角度看又很像洗牌，**因為這個年紀，你一分手就想認識下一任，你不用等一下，不用冷靜不用沉澱，你趕快投入戰場，因為你想有個決定，你想下錨停船。**所以這分手變得很像洗牌，出現了一群可供介紹的單身男女，然後他們不停相見，進行疲倦的陌生相識約會，你在哪裡工作，週末都在做什麼？倒轉過的雪景球，雪花飄落，最終歸於平靜。

不知道是不是年紀的關係，社會的束口袋漸漸拉緊，有些人掙扎地爬出來，有些人安穩地落下去，有些人被卡在中間，越來越難受。感情的期末考任誰都被逼著應試。喔，我們現在很好啊，我們都不想結婚，也沒人想過要結婚，就這樣一直在一起吧。這樣的話，已經好久都沒聽到了。

應考的方式很多，常見的，比如有人求婚了。也蠻常見的，比如有人拒絕了對方的求婚。別以為通過這關就穩當，取消酒席，放棄婚紗包套，聘金談不攏的亦所在多有。對方的家人到底好不好相處，以後要住哪怎麼通勤上班，你是真的不想生小孩嗎？你的工作有多穩定，每月現金流量有多少？又好像在玩疊疊樂，我們輪流挑選堆疊的木條，一個個問題抽出來，最穩的可以放心先拿，接著我們逼近安全與危險的交界，但不管你怎麼考慮猶疑，輪到你的時候你就得抽一根。說是疊疊樂，並不是暗示所有感情的終點都是崩塌，很多人玩的是樂高積木，從這兩年參加喜酒的次數就知道。

#觀察11

分手的理由

假如你要分手，我想要你對我說，你不要我了，你不喜歡我了。
我不喜歡但書，也不需要希望，我自己會活下去，用不著你的安慰。

分手的理由，總不如在一起的理由那麼簡單。雖然在我眼裡看起來是一樣的。分手不就是不喜歡或不夠喜歡了嗎？

一般常見的理由不外乎，個性不合，感情淡了。延伸一點可以有「不知道為什麼要在一起」，「這樣下去沒有未來」。背後有第三者或者純粹是對方想要展開新人生的，通常都不會拿到檯面上來講。我沒有鼓勵大家老實說有第三者，事實上分手的時候一般的理由也就夠了，反正就是不喜歡了嘛。

但有些莫名其妙根本不成為理由的理由，最好是不要拿出來討打。以下列出最討人厭的分手理由。

首先是把自己的責任推得一乾二淨，這包括了「你太好我配不上」系列，以及「都是我媽反對」系列。前者就像梁靜茹的〈茉莉花〉一樣，「如果我真的那麼好，你為什麼不要？」後者就是家人反對，八字不合，吃素的人不行（別笑，這都是有實例的）。

第二討厭的就是拖延戰術了，包括「現在不行」系列，以及擺爛系列。「我現在不適合談戀愛（以後就會適合了？應該是跟別人就適合了吧）」「我們現在當朋友好不好？」「我現在真的沒辦法跟你在一起」。令人生氣的原因是，戀愛往往只有現在，現在不行幾乎等於永遠不行。心裡知道這一去就是永遠，話還不肯說明，硬要留餘地。難道分手後還要我等著你嗎？擺爛的那種不想背負責任，他們會開始冷淡，等著對方來找他談，他只要負責把對話引導到分手，然後說「好」就好了。有些等到對方提了分手自己還哭哭啼啼，得了便宜還賣乖。

直接不聯絡的，我只有小時候遇過，大概是現在要不被找到很難（笑）。

就一般常見的分手理由來說，很意外地我從來沒用過。這並不表示我很誠實或厲害，事實上就分手這個項目而言，我應該是不及格的。每次分手都分得很爛的就是我。我感謝他們原諒我，有些甚至與我變成朋友，邀請我去參加他的婚禮，關心我的生活。

我不是說會有什麼分手的理由講得真棒，講到對方都覺得你說得真有道理，我們真該分手，謝謝指教。但至少你可以不要討打。不要分手之後對方想起你說的分手理由還會忿忿不平。但那些過分委婉的說法，讓人久久不能死心的，也是一種折磨。

有時候我們想知道為什麼，只是因為知道了才會死心。在一起好幾年，然後有天毫無預警地來了電話就說該分手了個性不合，那之前我們都只是在互相忍受嗎？有時候分手後知道對方很快有了新歡反而鬆了一口氣，「是喜歡上別人了啊。」那麼就這樣吧。不會一直去想是什麼時候開的頭，什麼時候萌的芽，什麼時候我還愛著你已經計畫分手，喜歡上別人了反而簡單明瞭。**我以前說過，假如你要分手，我想要你對我說，你不要我了，你不喜歡我了。**我不喜歡但書，也不需要希望，我自己會活下去也用不著你的安慰。

\# 觀察 12

藉口，還是理由？

有時候，能接受的藉口聽來像理由，
不能接受的理由反被當作是藉口。

有時候是這樣，不管事實如何，對方講的你能接受，就是理由；不能接受，就認為是藉口。

這一陣子我聽說了兩件事，巧的是都跟過去的戀情有關。

〈案例一〉

感情淡了之後，她發現他疑似出軌。他認了跟前女友還有聯絡，但他說也還喜歡著她，只是不知道現在是什麼狀況，該怎麼樣處理。她明快地提出分手，雖然心裡還愛著他。他接受了她的提議。

分手之後兩人安慰彼此的痛苦。她認知到自己的痛苦時，也認為對方經歷同樣的事。但當她同我轉述這件事的時候，我早已聞到風頭變了。男生怎麼可能跟她經歷相同的痛苦呢？他只是猶豫能不能對她說出實話而已；我們要怎麼才能直接對已經不如以前般愛著、但仍有感情的對象判處死刑呢？他讓她以為自己還迷惘，其實他已經走向迷惘的下一步「未知」了。

我顧念她的痛苦，所以沒有說破，只是假設性地把事情推展到其實我認為早就已經到達的階段，並希望她能從那裡活下去。藉口在還愛著的人耳裡聽起來，是理由，是對方真的迷惘到不知道怎麼辦才好。

〈案例二〉

有點類似的情況是，那是他第二次追她了。她沒接受，說詞是還沒忘懷前一任男友，沒辦法走下去。他問我，女方這樣說是什麼意思，「就是不夠喜歡你的意思。」「為什麼女生要用這個來當藉口呢，不能直說嗎？」首先我該請這位仁兄參考〈分手的理由〉這篇，**基本上正常人都說不出來「我就是不喜歡你」這種話，所以追求者應該自己要知道對方這樣就是拒絕了**，而不是想要她把話講到恩斷義絕。另外，為什麼他會認為這是藉口呢？其實這很有可能是實情啊，實情很有可能就是因為她還眷戀著前男友，所以不夠喜歡你，或者倒過來講你不夠讓她喜歡，所以她還一直停留在過去。雖然說人遲早都要前進，但很顯然不是往你那邊前進而已。只是不往你的方向前進，就是藉口而不是理由嗎？我不這麼認為。

#觀察13

別做不見面的分手

當所能接收到的訊息只有幾行文字，或者只有聲音，就算有螢幕上的畫面，面對殘忍都是不足的。

被拒絕有很多種，連面都不給見的那種最叫人難堪。比如傳個簡訊就想要分手的人，不要說你不愛對方（因為本來就是因為這樣才分手），而是連要結束人與人之間一對一的關係的時候都欠缺最基本的尊重。

電影《型男飛行日誌》裡，男主角負責解僱別人，就是把每個人叫到小房間裡跟他說公司不再需要你的服務的那個人。（台灣不知道有沒有專門的這種工作，我聽到的都是由部門主管開口。）公司來了一個年輕氣盛的小女生，提議用視訊的方式遠距解僱員工以節省成本。接下來發生啥事，大家有興趣可以去租電影來看。

當所能接收到的訊息只有幾行文字，或者只有聲音，就算有螢幕上的畫面，面對殘忍都是不足的。

他傳來一則簡訊說，對不起，我喜歡上別的女孩，我想跟她在一起。

然後她瘋狂打給他，打了個把鐘頭以後他接起來，說不能過去找她，她哭著求了好久，他幾乎是無動於衷，但最後還是答應「晚點」會過去。然後她陷入漫長的等待，中間持續害怕他變卦決定不來找她。他來了以後她知道一切無望，但至少是由他親口說出來由她親耳聽到，他看到她泣不成聲，感覺到她抓著他的衣角。他眼裡有猶豫，不是猶豫要不要留下，而是想知道時間過了多久，也許那個女孩就在樓下等著，充分的殘忍，她其實想把這一切牢牢記得。

又或者，他在螢幕那頭說，分手吧，我知道你不會提，我幫你提。螢幕上的臉孔與嘴型和喇叭傳出的聲音有些微的秒差，她愣了一下。在一起五年，他從來不曾提過分手，她嚇壞了。看著他一副痛苦又抱歉的樣子，但自己無法擁抱無法撫摸無法感受他，是不是自己流淚的樣子傳送過去也是不同步碎裂的片段畫面。不管她怎麼否認怎麼解釋怎麼央求，他看起來心意已決，更何況她能對螢幕和喇叭做什麼？她所能做的最靠近他的事情只有上網訂一張單程機票而已，不過誰又能真的拋下一切？

#觀察14

有效度過分手痛苦的方法

用理智接受現狀，才有機會走下去。
盡量痛吧，然後活過來。

她跟心愛的男友分手了，本來就很難維持的遠距離戀愛，似乎也因為距離畫下句點。所謂距離，不只是物理上的隔閡，也包括他們說著不同語言，看著不同方向的未來。分手一個多月以來，她停留在憂傷的否認階段。她不承認也不接受他們已經分手的事實，所以她依然經常打電話寫信給前男友（well，她依然稱呼他是「我男友」），只是對方不接電話也不回信了。上次回信時只寫說，他想結婚了，大概明年吧。痛苦要怎麼辦？

「用意志力，」我說：「人都有感情，但人也有理性，你得試著用理性幫助自己。」但當我聽到她怎麼使用「理智」的時候，差點沒昏倒，立刻打電話過去好好跟她談談。後來想想，大概這樣的呆子很多吧，以為理智就是對自己說些自己也不相信的看似「客觀」的道理。以為理智就是假裝冷血，假裝沒有感情，假裝這一切都是正確有道理的。

大錯特錯！**理智是我們接受世界上發生的事情的態度，不管我們喜不喜歡**。以這個例子來說，就是去接受兩個人已經分手的事實，並不是無聊地告訴自己說其實我們也不適合啊，我們分手才是正確的選擇。拜託！誰管你的選擇正不正確，你根本就不想分手，告訴自己分手是對自己好有什麼屁用。重點在：你要接受你們已經分手了，承認分手這個事實。

「我不要！」她簡單進入否認狀態。

「所以我才說你要使用理智。」

理智不是單方向說服自己現狀是正確的最好的路徑，不是告訴自己痛苦是正確的、決定是值得的，這樣反而不理智。人生中哪有什麼痛苦都是正確值得的，這是醜化了理智，理智變成軟弱的論點，誰也說服不了。

理智是接受現狀，正視現狀，不逃避。不管它為什麼發生，因為那根本不重要，為什麼分手並不重要，重要的是你有沒有認知到你們已經分手了，還是整天想著我們為什麼會分手呢？如果不是怎樣怎樣，我們根本就不會分手啊。其實他還是很愛我，只是如何如何。

用理智接受現狀，才有機會走下去。你才知道人應該要看向未來，不是過去。你才知道**痛苦就只是痛苦而已，盡量痛吧，然後活過來**。

具體的做法包括，徹底不聯絡、運動、培養新興趣、和好友在一起、拓展社交圈、成為工作狂。最後一個大家都知道，就是投入新戰場，但特別提醒要真的喜歡才交往，出於寂寞會很慘。

觀察15

「怎麼來的就怎麼走」的謬誤

戀愛輸給距離、時間或第三者，其實都一樣，就是他不愛你了。

常聽人用一句話來告誡那些想搶別人女友的男生，「女朋友怎麼來的就怎麼走，」意思是搶來的女友也會被別人搶走。

然而戀愛不就是這樣結束或那樣結束嗎？

這種告誡，暗示著能夠被搶走的女友具備性格上的缺陷（無法忠貞？），而且搶來的關係也有道德上的原罪。不過，戀愛不就是這樣嗎？戀愛的結束要嘛因為這個原因，要嘛因為那個。戀愛輸給距離、輸給時間、輸給未來，和輸給競爭者，其實都是一樣的，就是他不愛你了。

我沒有要幫第三者除罪化的意思，第三者可以扮演非常積極的角色，甚至說沒有第三者的存在這兩個人也不會分手的情況，怎麼可能沒有。但難道真的有「可能會被搶走的」女友，和「不會被搶走的」女友的分別嗎？你相信性格上的缺陷、道德上的原罪，還是就如同許多鄉民所譴責「會遭到報應」？戀愛就是結束而已，女友被搶走了，也不過是戀愛結束的一種方式。只是結束在你還愛對方的時候，總是比較痛苦。

M的女友那時也被追走了，當旁人問起來，他總是說「是我太少陪她」，絕口不提第三者，出於一種分手之後還替對方著想的體貼，不願意別人用責備女友來安慰他。另外也是對這段戀愛有過反省，問題總是先出在自己身上，第三者的努力，都只是導火線而已。M的女友被追走的時候，他渾然不知，而當分手後不多久發現她已經跟別人交往的時候，也只對她說，希望你的新男友能比我更照顧你。

顛倒過來，那些接受男生在有女友的狀態下還來追求自己的女生，也常被告誡：「他現在會為了你離開女友，以後就會為了別人離開你。」這也意味著男友分成會跑走跟不會跑走的。不過這種分類其實完全沒有警告的效果，哪個女生不是認為「因為是我」，對方才拋家棄子來的。

那些用這句話來告誡別人的人，我寧願相信他們莫名接受了這社會的輪迴觀，忘記戀愛對象的更迭根本就是一種常態。（不然根本就不會有所謂的戀愛，只有婚姻，在婚姻中有人被追走你都可以要對方付出法律責任。）

我相信有「定不下來」這件事，當世界都還新鮮的時候。有時候定不下來會因為年齡而自然消失，跟嬰兒肥一樣，有時候嬰兒肥會不小心維持到中年。只是年輕的時候，定不下來鮮少成為我們選擇對象的衡量標準。而有了年紀以後，還定不下來的那些你一眼就看得出來。

#觀察16

如果你又想起他的好

那些時光本來埋在不堪的分手下，你無意識中讓分手占了太多記憶體，吃掉了美好的部分。

有些慘痛的分手，因為分手的階段拖得太長又太累，分完之後竟然完全想不起來在一起的時候有哪裡好，導致覺得自己的戀情毫無價值。

沉澱很久之後，久到你快忘了這個人，不把這個人當作進行中的「前男友」，而是一個過去的人的時候，有天他的好突然浮現。

你發現原來這個面目模糊的人曾在你生命的一段時光裡扮演要角，你們曾有那麼多時間單獨相處，那些時光本來埋在不堪的分手下，你無意識中讓分手占了太多記憶體，吃掉美好的部分。

等到壞的也忘了差不多，你大概又談過一次戀愛，也也又傷心過幾次，那個人的組成比重又改變，你又記得他好的地方。這是好事，我一直這麼覺得。

她曾經心力交瘁地逃他，一直逃，逃他的電話，逃他出現的場合，逃他的追蹤，逃他的乞求，也逃他的惱羞成怒。逃到她把有關他的一切，像對付倒入掩埋場的一切一樣，用極大的力氣槌打壓縮成一個小方塊，再把這方塊與其他成千上百個方塊一同排列。當然這方塊不會有名字，它只是占有一小角的無可奈何。

有天在捷運中昏沉，突然一個深夜的場景闖了進來。這夜景就在記憶裡，什麼時候因為什麼事情想起來其實也都不重要，總之是想起來了。

你們半夜嘻嘻鬧鬧到了白天才熱鬧的觀光景點，路燈有規律地沿著道路排列，不遠處也有兩三輛摩托車停著，幾個年輕男女可能也是一時興起吧。你忘了什麼原因讓他帶你來，也忘了什麼原因突然他要揹你。你覺得自己好沉，他假裝快摔倒，你尖叫，他大笑，然後要你抓緊就飛快跑起來。你好擔心他會跌倒，他連踉蹌一下都沒有，跑到巷子的終點，你大笑著要他放你下來，他問：「你開心嗎？」你說：「我好開心。」

儘管這一切都不重要了，你還是覺得想起來很好。

#觀察17

復合的情境與衝動

其中一方明白了自己真的很喜歡對方，可能正是因為另一方明白了自己的不愛。

所謂的復合，不是那種大吵一架賭氣說要分手然後三天內就和好的情況，也不談三天兩頭鬧分手的激動情侶。這邊要談的復合，指的是雙方都已經認知到分手（不管自己是否願意）的事實，但後來又「打算」在一起。

我的想法是，不同於第一次交往，已經分手過的男女朋友，不可能回到從前。要復合，就是重新談一次戀愛。情侶之間，要談到分手這最後一步，中間都不曉得經歷過多少次折損感情的爭執。而假如是被分手的一方，更無法判斷對方在開口之前到底想了多久（據我擔任戀愛諮詢的經驗，通常都已經想超久的，久到被分手的人無法想像的程度）。也就是說，你們把好的都消耗殆盡，壞的都列成清單，然後才是分手。

復合的衝動，有時候起於寂寞，有時候起於比較，有時候起於了悟。了悟，分手之後才發現自己還是喜歡對方的人，其實不在少數。只是**分手之後的喜歡，很有可能正是因為分手才產生**，假若是還在一起的情況，就不會有這種可以客觀分析對方對你的好，並觀照自己如何喜歡對方的機會。但觀照感情的同時也破壞了感情，你不可能做到中立而無損對觀察物的觀察（借布希亞說法一用）。

那起於寂寞的，你們都知道結果會如何了。對方的好你習以為常，分手因為已經執行過了發現並不難，分手這決定變得每次爭吵時都近在咫尺，有一天你再說出來，就是最後一次了。

起於比較的，就是只見新人笑的逆轉。雖然分手的時候是自己被別人追走了，但追走以後有得比較了，反而發現舊愛還是最美。這種復合要看當初被分手的那個人傷好了沒，有時候對方因為還放不下所以願意復合，心裡早就千瘡百孔，復合了也很難長久。可是，弔詭的地方正是，如果他當初傷得不深，難道不會是因為他其實沒那麼喜歡你嗎？如果他傷得太深，你們又怎麼會有機會復合呢？

說了這麼多，好像我並不贊同「復合」的概念，其實不會，我只是更想要珍惜還在一起的時候。而假如要走到分手，也不是兒戲。真要講，大概可以寫成數個回合連載，因為次數只會一直增加，所以故事常常多到講不完，這次我們就針對復合的衝動來講故事。

〈案例一〉

她那時知道想分手也分不成的，因為過於寂寞，冬天過冷。就算愛只有一點點，她也要了。她提過分手啊，只是可能連那通電話都還沒講完就被安撫著去睡了。後來她就不提了，反而當作儲蓄一樣把每次想要分手的念頭積累起來。這當中的戀愛就像出於寂寞的復合，她知道，最無聊的那種。儲蓄到了一個階段，她變得堅強，也或許有可能是愛終於少到不足以溫暖她了。在寒風中她走了，一反他印象中她的不堅定。

〈案例二〉

有了新的男朋友之後，她突然明白以前的美好都不是理所當然。迷戀造成的衝動，新鮮感與諸多第一次經驗，讓她當時走向眼前這個人。但當戀愛總是要走到朝夕相處與個性磨合的時候，她知道事情勉強不來了。以前沒有問題是因為以前有別人順著她，也是因為她很愛以前那個他。現在的問題是現在這個他聽不懂她的話，她也沒那麼愛他。她跑回去，他要了她，又放手，因為過去的事情確實已經過去了。

〈案例三〉

發覺自己真的很喜歡對方的他，跟我說：「有時候男人比女人還死心眼。」他兩次戀愛經驗裡分手後都還是想跟對方在一起。另外我也認識自己分手以後又回來，或是被分手以後完全走不出去的男人。我有時候會認為，男人的死心眼起於他們從來不曾重新定義過感情，也就是說在一起之後不曾感知到關係的變化，認為「在一起」就是靜止不動的階段。結束時完全不能接受或理解「分手」的概念，因此陷入長考不能平復。

悲傷的是，有一方明白自己真的很喜歡對方，可能正是另一方明白自己的不愛。

Part 2

不同群體的戀人田野調查

從人類學的角度，
記錄戀人的種類和歸納關係的形式。

#觀察18

三十幾歲男人的喜愛

他們的喜歡你很難拒絕，
大方、不著邊際又捉不到痛腳可以打。

從我即將告別二十幾歲的時候開始，遇上三十幾歲男人的機會自然也變大了。這邊談的男人也不是老男人，只是三十好幾的男人，或者我也長大到沒辦法感受到什麼叫作老男人了。還被老男人放在手上疼的小女孩們可以好好珍惜一下。

三十幾歲男人的喜歡，就是從某個角度來說很大方，又是不著邊際的，捉不住痛腳可以打。三十幾歲的男人，還是喜歡美女，也喜歡跟美女聊天。這跟他們去找青春無敵的小女孩不同，他們可以確實地喜歡你的腦袋，並且說出你的腦袋哪裡好。三十幾歲的男人，他們會請客，但是你也可回請他們，他們不會讓你沒機會付錢，甚至可以笑笑地對你說，今天給你請客怎麼樣？小女孩對他們來說是天真可愛的，但在建立關係上，他們有實際的考量，知道小女生平常養養眼聊聊

天無所謂，已經懂事不會無理取鬧的女人更得他們心。

以前遇到三十幾歲男人的時候，他眼中會有你好可愛的神情。曾經我遇過一個，他說光看我吃蛋糕的樣子就覺得開心，想說乾脆以後心情不好就把我叫來吃蛋糕給他看好了。我也遇過另外一個，我們才在店裡坐下來，他就叫了整桌子菜，大概是要展現一種氣勢。

當時他們是可以這樣驕縱小女孩的，但現在他再帶你去同樣價格帶的餐廳，你也不會覺得昂貴，話題會從蛋糕變成酒，不只是他看你吃，你也會陪他喝。他會大方約你帶你出門，並不希望花的錢和你的付出要成正比。事實上，他帶你出門也不一定安什麼心，時間正走到對他們來說可以著急的都來不及了所以沒什麼好著急的那個階段，他們也不想很快面對著急的女生。

他會改而認真跟你聊點書、聊點音樂和人生觀。他會問你對於其他小女生的看法，並且稱讚女生還是成熟一點比較能相處。

有天半夜他可能會傳來一封簡訊，內容是他三十好幾的人生慨嘆，不是半夜跟你表白，但確實把他厚臉皮底下的小脆弱攤了出來。有天他分你聽一首他近來手機裡的新歡，其實是古典鋼琴曲，你佯裝若無其事其實立刻被音樂打動。

三十幾歲男人的喜歡，你很難拒絕，因為一開始幾乎就沒有拒絕的空間。你若對他沒那個意思，雙方也不致走到難看的局面。

觀察 19

炮友的定義

炮友跟一夜情不一樣，通常雙方彼此喜歡，
尤其在身體方面，最好平常還是朋友，只是沒有要在一起。

炮友是否是個聽起來很刺耳的詞彙呢（笑），還是一種不能公開談論的關係？本篇文章並不鹹濕，請大家不要期望過高，其實炮友也只是各取所需。

這個詞彙第一次對我成為具體事實是在數年前了，這個不太熟的男生有了炮友。他們從網路上認識，彼此也說好了這段關係的性質。不過因為男生獨居，所以逐漸地，女生搬進他家裡。**炮友其實不是很容易維持的關係，你不能跟他講心事，除了打炮以外也不能約會。**後來炮友變成女友，倒也沒什麼難以適應的地方，大約也只是證實了光是身體接觸也可以產生感情。

之後我還認識一個喜歡打炮的男生朋友，固定維持約三個左右的「女友」。每次約會的終點就是他租的小房間，而且絕對不讓女生過夜。「有人在旁邊我睡不好。」他總是這麼說。

他算比較專業的，但女孩子們都自認是他的女友，關係不平衡也不誠實。

其實在男女朋友以外的關係，很多都很像炮友，只是炮友似乎被拿來當作精神關係的對立面，所以這個詞彙遭到撻伐，也不好隨便亂用。其實，**炮友指的是滿足本能需求，不求長久與承諾的合作關係**。

而且炮友跟一夜情不一樣，不是哪天晚上酒喝多了就會發生的事情。通常雙方彼此喜歡，在身體方面尤其喜歡，而且最好平常還是朋友，只是沒有要在一起。不過，在我們的心還裝在身體裡面的時候，我還是認為炮友是難度相當高的關係，一不小心就會產生嫉妒心跟獨占欲。我認識幾個男生，往往喜歡女生的身體勝過她們的人，這樣就已經符合我的炮友定義了。

有沒有女生找炮友的？有，不過女生的情感需求比生理強烈，所以她們找的是男友的替代品，可以接吻曖昧的對象，但不能容許自己被稱為隨便的女孩子。被找到的男生假如不知情的話，對我來說，不會比被打炮的女生不可憐。

#觀察20

不喜歡說有男友的女生，在想什麼

對自己的感情狀態慣性保持低調的人，
只是認為自己的交往關係與對方無關而已。

寫在前面，其實女生說自己沒有男友並不盡然表示她有什麼不軌，不過，想要有什麼不軌的也有。

有沒有男友差在哪？

其實最簡單也最直接的理由就是，女生想要維持自己在「可追求」的狀態，因為男生不管現在有沒有要追，總是會對「沒男友」的女生好些。有些女生喜歡被簇擁的感覺，這也是一種喜好。而男生也不過是追不到她們而已，其實她們也沒有任何責任與義務要告訴你（此處再度忘記世界上有男朋友這號人物）。我相信對這些女生的非議之聲已經夠多了，不需要我來加上一筆。

今天要談另外兩種不會說自己有男友的女生。

第二種女生的男生朋友很多，她們知道**很多男生面對有男友的女生，會立刻築起一道保持安全距離的牆。為了省去這些麻煩，有沒有男友這件事可以以後再說。**她們其實也不會特別語帶保留，只是當提到男友的時候可以輕描淡寫帶過。她們內心甚至有點不想要自己成為左一句男友右一句男友的那種女生。

男生應該很容易可以認出這類女孩子，她們多半帶點中性的氣質（不是指打扮而是氣度），當你知道她有男友時還會驚訝「什麼，我以為你不需要男友」之類。必須要說，這類女生在面對自己感興趣的男生的時候，也會有點小心機地避開男友的話題，她們知道「單身」是種邀請。

第三種女生則是「我有沒有男友跟你有什麼關係？」。曾經我在做戀愛諮詢的時候，向我求助的男生問：「有人約你出去的話，你會跟他說你有男友嗎？」

「不會啊。」我乾脆地回答。

「為什麼？」認為我一定不拐彎抹角的他驚訝地瞪大了眼。

「沒必要啊，我如果要拒絕你是因為我要拒絕你，不是因為我有男朋友。」對方的眼睛瞪得更大了。

對自己的感情狀態慣性保持低調的人，只是認為自己的交往關係與對方無關而已。我不想跟你出去是因為我不想，不是因為我有男友。而我也沒必要告訴你我有沒有男友，因為我是對你沒興趣，跟我有沒有男友無關。

這三種女生給我們什麼啟示？還是老話一句，**判斷她對你有沒有興趣，比她說不說自己有沒有男友重要太多了**。而且，通常你問了也不會有任何收穫。我必須要說，不管是欺騙、閃躲或相應不理，女生都在行許多。這導致比較擅長欺騙的男生會立刻成為眾矢之的，不過這是題外話。

#觀察21

令女生心動的好男人特點

他的喜好不會影響他的家教。
他是人好，對你好，對女友更好。

很優的男人一般說來也都有女友了，這麼優沒有女友，世界成何體統（對不起我誇張了）。應該說會讓女生覺得很優的男生通常會包含「懂得和女生相處」這個特質，而這個特質是交不交得到女友的關鍵之一（有時也是好人和好男人的關鍵差異）。

我欣賞有主體性的男生，特別是在和女生相處時，他們剛認識你的時候會保持輕微冷淡的禮貌，你不會看見他們看到正妹就油嘴滑舌的樣子，或是明顯對正妹和普通妹有差別待遇。你不會馬上知道他是討厭你還是喜歡你，因為他有禮貌也有距離，你會認為觀察到的他，是他本來的樣子，而不是「在你面前的樣子」。所謂主體性就是他基本的做人處事不會因為對象（正不正）而有差異，他內心的喜好沒有那麼容易知道，而且他的喜好不會影響他的家教。他是人好，對你好，對女友更好。

所謂的好人就是明明是因為喜歡對方而對對方好，卻被對方裝傻（真的不知道的情況少到可以忽略）說是個性好。**但很優的男生是，他對你好的時候，你覺得他人好，自己默默希望他對你特別好一點，但你看得到他對女友更好。他對你的好，不會讓你覺得他別有用心**，你只會在心裡小小覺得他女友應該過得不錯。另一方面，我不喜歡在別人面前抱怨女友以顯示自己多麼為她做牛做馬的男生，當然更不喜歡透過抱怨女友來跟其他女生發展關係的男生。

他是男人不是姊妹。

他們懂得和女生相處，但他絕不是姊妹。他會從男人的角度稱讚你，以男人的方式做你的朋友，熟一點以後也會從男人的角度開你玩笑。誠如我之前說我喜歡有幽默感的男人，能掌握住讚美和取笑的平衡點，這個男生就會被我大加分。他們的讚美發自內心還會讓你心花怒放，和他們相處你覺得自在（但會想要打扮），他們會讓你有想撒嬌的衝動。

女生喜歡有自信的男生，很優的男生就是有自信但不會自吹自擂，也不會拿著考滿分的考卷在頭上揮舞要大家稱讚他。他們的自信表現在對自己的弱點知之甚詳，他們會取笑自己的弱點、缺點和頭痛的事情，是因為他們想要前進、他們有目標才會有煩惱；他們有自信去設立目標，也夠實際知道自己的匱乏。**女孩子會去看男孩子的未來性，能讓女生覺得後勢看漲的男生，就是優。**

#觀察22

藏好心中的小跟蹤狂

很多人不自知地在當小跟蹤狂。
你喜歡對方沒關係，但真的不用嚇到人家。

今天我們來談一下跟蹤狂。跟蹤狂是一種心理距離近於實際距離的表現，實際上兩個人很遠，例如明星之於從未講過話的歌迷，但心理上很近或很想要親近：我是她的親衛隊，一直默默支持她，雖然她不知道我的存在，但她怎麼會不知道呢，她一定只是沒有承認而已，我們之間有自己的默契，不需要其他人知道……

因為跟蹤狂需要去彌補心理距離和實際距離之間的差距，會以各種方法表現出自己對對方瞭若指掌，他會想知道對方的一切、收集和對方有關的東西，和其他跟蹤狂競爭。由於他認為自己和他的跟蹤對象站在同一邊，所以會視其他人為跟蹤狂。若是跟蹤狂被戳破了，他們常有激烈的情緒表現，但你不能怪他，他們恐怕把生活全建築在心理距離上，你若告訴他信以為真的不過是夢境，現實極為難堪（他翻她的垃圾，她視他如垃圾），把他賴以維生的氧氣罩一把掀開，他發現自己站在火星上，生命即迅速流失，肉體枯萎無從辨認出原有樣貌。

我們講這麼多跟蹤狂的事情要幹嘛，當然是要奉勸其他人（又以男生居多）不要隨便踏上跟蹤狂的道路。當然**我們不是要講會上社會新聞還是需要申請禁制令來防範的那種人，而是其實很多人在當自己都不知道的小跟蹤狂。**

1. 在其他人面前表現出熟知對方的態度

這種人基本上不會跟他跟蹤的對象發展直接的關係，就是很典型的跟蹤狂。他們很會搜尋對方的資訊、照片、過去在幹嘛、最近的動態，特別是有了臉書以後，這些事情都變得容易許多。他也有可能一個一個去點擊對方的朋友，一張一張去看對方的照片，然後在第三者面前拿出來介紹：「我們公司的某某啊，你看她現在是短頭髮，但以前很長，去年耶誕節才剪短的。她最近好像蠻愛上瑜伽課的，我給你看她以前的照片（點開臉書）……」講得兩個人好像是朋友一樣，其實平常連招呼都不敢打。

2. 用展現自己對跟蹤對象的瞭解來示好

我自己遇過很多會搜尋我的男生，當然我也有那些會搜尋男孩子的女生朋友。其實搜尋喜歡（好奇、感興趣）的人可以接受，但有必要去跟對方講嗎？挖掘對方的過去，有收穫就得意地到對方面前，（不自覺地）像是那些寫勒索信（我知道你去年夏天幹了什麼）的人一樣。每次遇到這種情形，雖然毛都站起來了，我還是會在心中告訴自己，他真的沒有惡意，他只是想要表達關心我的努力而已。

3.用觀看物的角度來稱讚跟蹤對象

這次介紹小跟蹤狂是用猛烈程度來排的，最後這種就是把跟蹤對象當成觀看物。他們花費很大的力氣注意對方的外表，像在寫生物觀察日記。他們會稱讚對方今天換髮型、改變穿著、變瘦、變胖，但不瞭解每天稱讚對方的穿著其實會給人壓迫感，有時候稱讚太過會逼近性騷擾的尺度，胸部或屁股等部位就不太適合拿來稱讚，在這些部位前面再加上「我喜歡」就更不適合了。另外一個路線的會在你每次改暱稱時馬上反應以表達他有多關心你。我不知道別的女生怎麼樣，但我不愛男生一直注意我的變動，會覺得怎麼你沒別的事好做嗎？

不小心當了小跟蹤狂的，沒有關係，以後收斂一點就好了，你可以夜深人靜好好看她的照片看個過癮，要如何ＹＹ（意淫之意）也都沒人管你，你喜歡她沒關係，但真的不用嚇到人家。

#觀察23

小女生的內心戲

小女生常以自己為標準去想像對方，因為自己是標準，所以可以衍生出各種不同的道理和推論來支撐。

最近認識蠻多小女生，（是說我已經三十歲，總覺得二開頭的女生就算小，但跟其他人提些我所謂的小女生時，都會得到「二十七歲哪會小啊」之類的回答）她們很愛問以下問題，例如，「我昨天問他我可以跟男生單獨出去嗎？他說可以啊，他覺得男女朋友有異性朋友很正常。是不是他也想跟女生單獨出去啊？我可以跟男生單獨出去但是我可不能接受他跟女生單獨出去喔。」

小女生就是喜歡問一些她已經有標準答案的假設性問題。如果你沒答對，她就會覺得你怎麼這樣，怎麼和我想的不一樣，你是不是覺得如何如何（通常往壞的那邊去想）。那你這樣告訴我，我要想我要怎麼回答你（而不是直接回答你）才可以又讓你知道我不開心，又不會顯得我小家子氣，最好可以順便改變你的想法。

再例如，「他很奇怪，我們昨天約會，下午出去看電影，晚上他明明沒事但就說要回家，我問回家要幹嘛，他說沒有啊想打電動看電視。我覺得他也沒有特別要幹嘛，我們平常都沒什麼時間見面，為什麼週末還要那麼早回家，都不會想要跟我在一起久一點喔？可是我當然沒有跟他吵，說你想回去就回去啊，還是我其實應該要跟他講啊？我怕他覺得我太黏他。」

小女生也常以自己為標準去想像對方，因為自己是標準，所以可以衍生出各種不同的道理和推論來支撐，「如果我是男友的話一定會想在女友家過夜啊（因為這樣那樣可以舉出十個道理來）」，但也因此反而不能理解對方的想法。以自己為標準，對方的做法當然就變得「很奇怪」。

內心戲我還蠻能用可愛的角度來看，畢竟是因為喜歡對方也希望對方喜歡自己，才會凡事多加詮釋想很多。這也不是女生的專利，年輕男人要討好女生的時候也常有沙盤推演的情況，只是女生不那麼單純，比男生想得多，而且也更會演戲。

內心戲就是，我想知道你的行為代表什麼意思，你喜歡我多少，還是你在暗示我什麼，而相對於你，我必須經過一番小糾結跟小整理才能好整以暇地跟你講話，因為我不任性（不想被認為任性），也不想你看透我（因為其實我有點任性），該怎麼做關係才能夠如我所想的那樣勢均力敵（但我知道我現在處於弱勢）。

我沒有要建議女生減少內心戲，因為**其實只要知道對方在想什麼，自己就不會一直演內心戲**（所以我幾乎都沒有在想的）。內心戲一般說來應該和經驗值成反比。另外，**男生相對單純，你去猜他在想什麼，不如去討他開心。**

#觀察24

真的酷和自以為酷的女孩兒分辨法

酷女孩不會炫耀自己的酷，因為這是她們的本質；
自以為酷的女孩則很愛拿自己的「酷」來說嘴。

世界上有很多真的很酷的女孩，我也曾經被認為很酷，雖然更多時候，我只被當成是愛嚷嚷的。今天我們不是要談那些真的很酷的女孩。（而且就算別人不認為你酷，你還是可以覺得自己酷。）

1.自以為很酷的那種，很喜歡說男生「追」她沒效

她們很喜歡說，我喜歡就喜歡，不喜歡就不喜歡，顯示掌控權都在自己手上。舉例來說，「我喜歡的男生就可以約我，我不喜歡的怎麼約都沒用。」嗯，基本上，誰不是對喜歡的好些，對不喜歡的冷淡些？應該是說，這些「酷女生」認為都是她決定自己要喜歡誰，是由她來決定關係的

發展。這時候，我們應該問的問題是，那你一開始怎麼會喜歡他？你怎麼知道，你會喜歡上他不是因為他做了這些跟那些，不是因為他特別注意怎麼跟你相處，不是因為他懂得順著你的心意？

說男孩子追她沒用的「酷」女孩，只是要你別追得太明顯。她們喜歡感覺關係是自己推動的，你可以在水底下努力地划。

我不否認這些女孩常常都是正妹，她們真的也都常在關係裡握有主導權，但關係一直都是透過雙方互動決定，整場比賽只准自己發球有哪裡好玩我也不知道。

2. 自以為很酷的那種，很喜歡說自己像男生

她們很喜歡說，我不像女生啊，我很像男生。舉例來說，「我不會撒嬌，我沒有公主病，我跟男生都是兄弟，我們只是朋友。」雖然不知道為何，我推測，說自己像男生，會讓女生覺得自己很特別，但她們說自己不像的地方，其實也只是某一種很典型的女生（嬌滴滴、有氣質、文靜）。有些是想要藉此洗脫女生的原罪，就是說，她們不像的地方，都是一般人認為的女生的缺點（愛哭、矜持、公主病）。

愛說自己像男生的也有很多是正妹，我猜想她們正在運用反差，至少覺得這個反差很酷。但要跟這些女生發展關係，你仍然不能把她當男生，她們極有可能仍有自己的身段和矜持，她們仍然覺得你有該出錢的時候，也仍然覺得你得想好約會的地點和活動。但我想不會有男生聽到女生說自己像男生就真的把她當男生。

結論，再次申明，我並不是說只要做出上面兩件事的女生就是自以為酷，也有真的酷的。只是**酷女孩不會認為這些事情有什麼值得炫耀的地方，這是她們的本質。自以為酷的則是很愛拿這兩件事來說嘴**，你談一件感情的事，她就會回說，喔但這對我沒效；你談一點女生的傾向，她就說，但我不是這樣，我很像男的。

#觀察25

男生放電觀察筆記

你可以只對她一點點好，
這一點點好，可以生出很多樂趣。

我有一個很會放電的男生朋友，也許因為我們太要好了（絕緣），所以我從來不知道他很會放電。會知道這件事，是因為一個談論他桃花很多的下午茶。

男生的放電和女生不一樣，與其說放電，更正確的說法是釋放出對女生好的訊息，讓女生胡思亂想，對他產生好感、好奇、想要接近的念頭。所以其實跟女生放電比起來，男生放電跟外貌的關連性比較小。

放電先生雖不是大帥哥，也是白淨斯文型，一般高，身材適中，不壯也不瘦。聰明、體貼、用手機打字的速度很快（關鍵！）、健談、喜好美食。

放電先生的工作，常需要說明解釋些什麼，而他說明解釋的對象，可能有一半以上都是女生。

放電先生的工作算是有優勢的，因為女生也喜歡感覺男生很聰明，男生懂很多，男生能解決她的疑惑。這裡有兩個地方要提醒男孩子，**第一，聰明懂很多和好為人師是兩件事，後者不受歡迎。第二，你不一定要當老師才能讓女學生崇拜你，有些男生很懂電影，有些很懂音樂，有些很懂紅酒，重點是你有沒有很懂的東西，可以適時地幫助女孩子解決問題。**

放電先生總是會關心女孩子，這第一步讓女生感覺自己被關心，又感覺對方是好男人，偶爾才問她要不要一起吃個飯。女生心中萌生的好感讓她們常常傳他訊息跟他瞎扯，但他都很溫柔地回應，連去派對要穿的洋裝，生病去哪裡買中藥，尾牙表演的衣服，下午茶吃的蛋糕，他都不厭其煩。正因為**放電先生沒有鎖定對象，他才可以這麼有分寸。**他心中可能同時有好幾個覺得可愛的不錯的女孩子，也不排斥多認識一點，但這些都完全稱不上鎖定或追求的程度。比如工作上，他能以完全不被誤會的口吻問她有沒有不懂的地方，剛進來工作會不會很辛苦。等到女生給了暗示，說想去哪家餐廳，想吃什麼東西，想去買什麼的時候，他也可以裝不懂，不會每次都馬上收到指令就出門，這是保持電力很重要的一點。

雖然放電先生有意識地釋放訊號，也帶著一些希望女生喜歡他的企圖，但因為**他不是「追求」，女生都覺得他的關心很真心（！）**。其次，因為身邊不乏女性友人，他不會飢渴，不會總是想約人出門，也不會女生約他就出門，更讓女生自己心急。但話說我看到那些女生傳給他的裸露照片（露背、露腿、露肚子或超低胸），也覺得蠻不可思議，她們大概沒想過會有另外一個女生看到吧。

跟放電先生聊天的時候，我想起另外一位電力很強的先生，跟上面那位內斂的仁兄比起來，算是外顯型的，就是用眼神、笑容、語言放電。

就像若是金城武、阮經天、丹尼爾‧克雷格或梁朝偉，凝視我一秒，我就會腳軟站不住（暈）。不過外顯放電先生沒那麼帥，只是可愛型、有才華的男生，他恰好也擔任「教學」型的工作（所以你看看當老師的都要心術正才行，不然既得利益者在權力結構中實在太占優勢了）。一間教室四、五十位學生，他的眼睛可以巡弋瞄準個別對象，等你覺得他在看著你的時候，對你投以會意的淺笑。又或者在全班同學面前開你玩笑，找機會對你小聲說話。又或者，雖然在對大家說話，但話中藏一點讓你覺得他只在對你說話的暗號。

一次下課我遇到他，出於禮貌，學生要主動跟老師說再見。外顯型的放電先生立刻說：「平常沒看到你，今天以新同學來說很不錯了，你下次要記得來，我會知道你有沒有來喔。」就是那種讓你覺得他很注意你，你「有點特別」的話語。

我不是要教男生學著放電，而是要說，其實可以讓女生覺得你對她有一點好，這一點好，不是超好，也不是投降，可以生出很多樂趣。

#觀察26

避開溝通裡的沉默，那代表了傲慢

沉默表示你根本不屑跟她討論，
因為你早已經覺得自己是對的。

他跟女友分手的時候，一直不能理解為什麼她會選上另外那個男人，總之客觀條件處處不如他。因為他受到的打擊太大，我沒敢直接跟他說，會認為對方處處不如你，可能就是你輸的原因。

他比女友大幾歲，先出社會，學經歷也都比女友優秀，因此在當男友的同時，也當哥哥、顧問、老師之類的角色，女友不太會反駁他。倒不是說他很霸道，而是女友也認為他聰明有想法，是非常好的結婚對象，穩定可靠，很有長輩緣，媽媽也愛他。

女生本來常常嚷著工作辛苦，問他什麼時候娶她，撒嬌說不想工作了。他掂掂收入，其實要養她不是太困難。雖然現在沒有結婚的念頭，但他不是不婚主義，只是不想結個婚就變窮而已。他說，會啦會啦，再給他幾年。她先換了跑道，加入朋友的創業團隊，嘴巴上說想當貴太太，其實投入全副心力在工作上並且獲得相當大的滿足。她活潑外向又機靈，團隊都說她好，甚至當中幾個男生有時也噓寒問暖，若她給個訊號就會越界。

分手毫無預警。他只是說可以想想婚事，她說再想想，然後她突然說起了那個男人的事。也許是有預警，但他沒感覺，本來她提過這人，只當作一個玩笑，畢竟她還年輕貌美，能說出來的都沒有鬼，他過去也聽過幾個。

談分手的時候她說了一個點，讓他覺得莫名其妙，我想或許男人都會覺得莫名其妙。她說：「你都不跟我吵架。」冷靜理性是他自認的優點，他對我說，他們從沒吵過架，每次她抱怨什麼他都沉默。他說這件事的意思是，為什麼這樣她還不滿意？

沉默表示你讓她嗎？不是，是表示你根本不屑跟她討論，你懶得講出自己的意見，因為你早已經覺得自己是對的。女生會覺得你讓她嗎？不會，她知道你的沉默是不溝通，你的沉默是傲慢。

我完全同意**兩個人可能溝通後，唯一的共識是沒有共識，但你不說出自己的想法就判斷，你是對的，她是錯的，這就是傲慢。**我不是要贊同吵架是溝通的方式，它也有可能是各自表述，不過比起傲慢的沉默，我寧願對方把我當作能夠說話的對象。

我溫和地對他說了我的想法，過了兩天後他跟我說，他覺得是自己不好，才讓她想走。**我們總是可以從戀愛裡學到什麼，好男人學得更多。**

#觀察27

只有愛不夠，關係還需要「經營」

經營是融入對方的生活，包括認識他的朋友，認識他的喜好，接觸他的興趣，瞭解他精力投注的方向。不只是愛他，經營是當他的朋友。

某天上日文課的時候，老師問大家今年有沒有去日本的計畫，我隔壁的媽媽就說，她今年想帶孩子去日本，因為孩子也開始學日文，她想提高小孩的學習興趣。接著聊到家裡有人學日文，好像其他人也會學。媽媽就聊到林書豪，她說，兩個星期前，她對NBA一無所知，但現在因為老公跟小孩整天都在聊，所以她去買了很多跟林書豪有關的報章雜誌，把球員的名字都背下來，這樣才能加入晚餐的話題。說著邊從塞滿的紙袋中抽出一大疊報紙給我們看。

那時我想，這才叫作經營。

那位媽媽外表看起來約四十多，實際年齡也許靠近五十，一頭俐落的短髮，穿牛仔褲的腿結實有力，毫無發福的跡象，眼睛仍充滿活力和求知欲，眼鏡是用來幫助她閱讀和學習的，她經常舉手和老師確認單字以及句型的用法，每次發言也常聽到她帶著小孩去哪裡（比如去平溪放天燈、健行），或是她自己接觸事物的經驗。我一眼就喜歡上她。**關係的經營是這樣的，不是你替他做什麼，或愛著他，或為他好就好。經營是融入對方的生活，包括認識他的朋友，認識他的喜好，接觸他的興趣，瞭解他精力投注的方向。**不是說一句「都幾歲了還在看漫畫」，或是「你不要再打電動了啦，快來吃飯」。**經營是你和對方有共通的話題，不是你看著他陪著他就好，**是你們可以一起做你們都想做的事情，當然這也會包括你們都可以容許對方獨自做對方想做的事情。

曾經我和一位男友讀不同的學科，他對我認為重要的知識不以為然，我沒有想要辯解的意思。直到有一天，我們聊天的時候提到他的所學，因為很新又不是應用科學，所以很難讓人一聽就覺得好有前途、或是對人類很有貢獻，他說很多人因為不瞭解一件事情就認為它不重要，接著他沉默，最後說：「對不起，我收回我對你某某學科的評論，因為我不瞭解它。」

有時候你認為是對方缺點的事，只是因為你不瞭解他為什麼這麼做而已。有時你不知不覺表現出的態度，就像是你的生活就是全部的生活，你的興趣就是世界上所有有趣的東西，對方的興趣只是無聊的小孩子遊戲。

當我喜歡一個人的時候，雖不能說我會喜歡他喜歡的所有東西，但**我會對他有興趣的事物感到興趣，這會包括去學習很多對方的興趣，過過他的生活，體會對方享受的樂趣，讓他教我他擅長的事（男生很喜歡）**。所以我曾經和男友競爭過同一門課的成績，雖然我從來沒有課業上的競爭心（其他方面倒是有），只是因為他是超級好學生，他喜歡競爭。我也曾經學打撞球、麻將、橋牌（怎麼搞的聽起來都不是很優啊）。我腦中曾經具備汽車的廠牌和款式的資料庫，到我能夠憑外觀喊出路上車子的名字，只是因為他喜歡談汽車的美醜。我的閱讀領域從推理小說、歐洲文學拓展到普及科學、驚悚小說、歷史小說，因為我也願意讀對方愛讀的書。

不只是愛他，「經營」是當他的朋友。

#觀察28

大哉問：你喜歡我哪裡？

我若問你喜歡我哪裡，是因為我想知道你眼中的我是否真實又討人喜歡；而若我喜歡你描述的我，我就會更喜歡你。

有人問我，怎麼女生都很愛問這個，要怎麼回答？

我們先討論一下女生為什麼要問？女友是一定會問，而且搞不好每個星期都問，還期望你說出不同的答案。

跟你曖昧的女生也會問，這應該是曖昧階段一定會出現的問題。

另外有些時候，女生是要拿這句話來開頭準備要拒絕你的，「你到底喜歡我哪裡，我不值得啊。」不過這種情境氛圍與前兩者完全相反，我想大家不可能搞錯，這反映出兩件事：

1.女生想要你稱讚她

請注意這個發問方式，是問「你」喜歡她哪裡，而不是問「她」的優點是什麼，也就是她希望聽到從你的角度給的答案，看看跟別人有什麼不一樣呢？答得好的她會記很久，知道你這樣想她。答不好的，她就會想，我哪是這樣的人啊，你好不瞭解我。

所以你若稱讚她可愛漂亮，沒什麼不好，但就是有點表面。哪裡可愛呢？什麼地方漂亮？若是你說可愛到想把她藏在家裡不給別人看到，那她就會很開心，但我想能說出這種話的男生搞不好不到百分之一。另外，性格上的優點與平時小細節也可以說。比如，我喜歡你走路的樣子。不過在此我也呼籲一下女生，男生比較不善言詞，你們不要太強求。

2.女生想聽你的內心話，而且是好的那個部分

（這樣還算內心話嗎？耶，抱歉喔，女生真的比較難伺候）

這個問題其實是要你回答，你滿不滿意現在的關係（男女朋友），或你有多喜歡她（追求中）。身為男友，這種題目要盡量發揮，我甚至建議你偶爾反著回答，比如「你生氣的時候很有魅力」，把負面的東西說成正面，但不要過火，至少不能昧著良心。

追求者要講一些可以表現出你瞭解她的話，做個性格分析以後講出你最欣賞的一點，但這個回答的危機就是如果你其實不瞭解她，就會自暴其短。所以我建議你性格分析之前還是要稱讚一些看得到的地方。

這個問題的背後有個更大的意義：如果我們喜歡對方眼中的自己，我們就更容易喜歡對方。

我問你喜歡我哪裡，是因為我想知道你眼中的我是否真實又討人喜歡，而若我喜歡你描述的我，我就會更喜歡你。

#觀察29

當大男人，別當小奴才

大男人與小奴才的分別在於：
你是給她恩寵，還是等她臨幸？

女生喜歡男生對她好，但不要是小奴才式的，要有一點大男人。我們就來談一下大男人跟小奴才之間的差別。

最近又開始《命中注定我愛你》的第兩百次重播，看了一下發現，男主角的確就是這種「大男人」式溫柔的代表性人物。給大家講兩個例子：女主角陳欣怡（陳喬恩），因為意外懷了魔法靈董事長紀存希（阮經天）的小孩，搬進紀家待產。兩人之間原無感情，紀存希另有女友，常視陳欣怡為麻煩。

陳欣怡搬進紀家，自知是客，不敢當女主人，行李箱一直留在地上。有天早上醒來發現行李箱不見了，存希留了一張便利貼在地上，寫著：「到底要我跌倒多少次啊，我把你的行李箱收起來，衣服放進櫃子裡了。」

走到衣櫃前面又看到一張便利貼，寫：「要吃早餐，孕婦不要餓肚子。」欣怡止不住笑意。

我不用跟女生多做解釋，但男生們，你們知道欣怡在笑什麼嗎？**所謂大男人式的對女生好就是，我是為了我自己做的，你只是順帶的受益者而已。我沒有故意要對你好，我也不覺得我在對你好。簡單來說要帶著一點不容拒絕的氣勢。**不過因為我們都不是什麼大公司的董事長，也不會身邊有無限卡、有司機、有祕書供我們使喚（所以偶像劇的男主角都有如出一轍的身家背景），我們來舉幾個比較生活化的例子。

1.找女生出去吃東西時

嚴禁送東西過去，因為送食物過去，對方拿了說個謝謝掰掰那我上樓了，你們的相處就結束了，你就是當小奴才啊，不然咧。要就出去吃，如果女生說怕胖，你就說：「你到底胖在哪？」女生有點懶，你就說：「你很麻煩耶，我現在去接你，講那麼多。」

2.送對方回家

比照辦理，不要她都還沒拜託就立刻搶著去接她，她上車就開始玩手機，下車就說謝謝掰掰，你就是當司機啊，不然咧。你要表現出有點不耐煩的樣子，「算了，這麼晚要是你被壞人帶去賣怎麼辦，只好送你回家」，甚至假如你們有點曖昧，還可以讓她盧你。

類似的氣勢還包括「你不要亂跑我現在去接你」、「生病為什麼還去上班？你現在請假，我帶你去看醫生」。

在此我們要釋疑一下，首先，付錢算有氣勢嗎？不算，因為小奴才也會進貢。重點在於帶她出去的態度，是等她臨幸，還是帶她去你的場子。

其二，這種做法適用於所有女生嗎？如果女生氣勢本身就很強的話，比較難達成，但我猜想在一般女生身上沒有那麼難。所以假如你喜歡上一頭獅子，先不要嘗試比她強悍。

其三，什麼時候可以用？**為了避免被女生在心裡打上「你以為你是誰啊」的問號，這種態度適用於你們即將開始曖昧或已經有點曖昧的階段**，也就是你們至少必須單獨出去過不只一次，就算她離線，你丟訊息也會回，她若真的不在線上隔天也會回的狀況下才行。

#觀察30

順從，其實不吸引人

戀愛中，順從從來都不夠；
順從有機會帶來感激，但感激不一定能帶來愛。

只要是對我稍有認識的人應該都可以歸納出我不是一個順從的人。大家喜歡順從的另一半嗎？

那天他跟我說他女友對他有多好。他的工作每天早出晚歸，週末也常需要到公司加班。女友幾乎每天下班都到公司等他下班，其實女友的工作也蠻晚下班，但到他公司往往要再等上半個甚至一個鐘頭。週末他若到公司加班，她就送茶水點心讓他下樓拿。有時他在家裡加班，她也就去他家裡陪他。三、五年下來，她不太需要照顧，長得還算可愛，也絕無二心。

但他講起這些事的口吻卻帶著無奈，好像這是缺點。「她等我很久我也很煩，她送東西來，但是我連走下樓都懶。」只是因為她沒有什麼缺點，兩人關係也沒什麼問題，所以無法分手。正遇到一個超熱情小妹追求的他，顯然有點煩惱。

戀愛中，順從從來都不夠。

被分手的那方會哭鬧著「我對你這麼好，你怎麼……」、「我為你做了這麼多，你怎麼……」。好像這就是值得對方愛你的理由。是嗎？

1. 順從並不吸引人

順從在遊戲中還蠻好玩的，「主人，歡迎回家，請問今天要點些什麼？」不過角色扮演的成分大些，你得穿著女僕裝才行得通。戀愛關係裡，順從跟魅力沒什麼關係，頂多就是「我女友很乖」可以拿來說嘴，但不是「我女友很乖我被她迷得團團轉」。

特別是**戀愛中還需要好玩，需要欲望，需要引誘、情趣、追捕（？），常常是和順從相反的特質**。並不是叫大家不要順從，而是不要因為順從就覺得自己對對方超好、對方怎麼可能愛上別人，然後開始不打扮不在乎外表沒有朋友不安排自己的時間。

即便在關係中，保持自己的魅力還是非常重要。

2. 順從沒有價值

你知道，這就有點像你媽，幫你洗衣服煮飯打掃房子繳各種費用。孝順一點的孩子還懂得感激，一般孩子則視為理所當然。只是因為她是你媽不是你家的傭人，所以你還知道母親節要聊表心意（不過把媽媽當傭人也不在少數就是了）。

順從有機會帶來感激，但感激不一定能帶來愛。順從，或是說對對方好，有沒有價值其實是相對的。太順從會把期望值拉得太高。下雨天技安撐著傘去餵小貓，你覺得天哪他其實是個好人，但宜靜踢了路上的小狗一腳，你就覺得她人好壞。

不是叫你不要順從，而是要順從得有價值。結論同前，戀愛只有順從不夠，順從不如尊重，他尊重你才會珍惜你對他好，你尊重自己才不會因為順從他而忘了自己（而且最後依然導致失去他）。

後話：並不是只有女生會順從，男生過於順從也是在給自己找麻煩，而且容易導致女生認為這些待遇是天賦人權。所以我都致力於當技安（採用技安和宜靜而非胖虎和靜香暴露了本人的年紀）。

#觀察31

用愛的眼光，看待對方的缺點

你怎麼看待對方的缺點，是維繫關係的關鍵；
若不是帶著愛的眼光，只會越看越討人厭。

在關係中，我建議大家跟自己比較喜歡的在一起。跟自己沒那麼喜歡但對自己比較好的那個在一起，看起來雖然待遇好，沒什麼付出就被愛了，好像自己賺到，但心理上常過不去，他怎麼好都不夠好。

正因為每個人都有缺點，人都不完美，你怎麼看待對方的缺點，其實是維繫關係的關鍵。有時候習慣對方以後，優點默默消失你也就接受了，就像你爸的肚子凸了頭也禿了，你媽也看習慣了；有些女生交了男友之後開始一點一點地胖起來，後來拿以前照片出來看根本不像同一個人。

缺點就不同了，若不是帶著愛的眼光，只會越來越討人厭。我們今天就要來談怎麼用愛的眼光看待對方的缺點。我不是要講情人眼裡出西施，因為追求熱戀時盲目，只要交往後，總是有天蜆仔肉會掉下來。我們每日生活在吃完飯要有人洗碗、睡覺也要有人去關燈、吵架要有人道歉、買東西有人要付錢的戀愛裡。

1. 明白認知那是個缺點

不用把缺點解釋成優點，有些缺點也是優點，有些缺點就只是缺點。懶惰，不愛乾淨，貪吃（我），易怒，陰晴不定，沒有安全感，動口不動手，愛找藉口，沒有時間觀念，龜毛。如果你覺得她的健忘很可愛，如果你覺得他吃醋很可愛，那也無妨。但假如你覺得那些是缺點，不用合理化，就去認知那是缺點。如果這就是他了、他就是這樣了，你能不能不把缺點和他分開來，當作是他的一部分？

2. 知道怎麼和他的缺點相處

比如不要和缺點正面衝突，怎麼降低發生的機會，萬一遇到要怎麼處理。能不能多打幾通電話讓他更有安全感？能不能多提醒幾次讓他不要忘東忘西？遇到他又在發脾氣可以怎麼哄他？如果不是很喜歡，可能做了幾次就失去耐心，越喜歡越願意和對方磨合。

3.想想他的優點和自己的缺點

其實長越大越瞭解自己的缺點（理想的狀況下），至少不會自滿到認為自己的缺點都可愛無比、從另外一個方向來看都是優點。你想想他也有很多令你欣賞的優點，而且這些優點中包括了他也容忍你的缺點，甚至你再仔細想想，你的缺點可能比他的缺點還要令人難以忍受。

4.研發偷偷潛移默化改善缺點的辦法

注意這絕對絕對是最後的最後選項。絕大多數的情況下，我不建議你去試著改變對方。若雙方在關係中有所改變，也是因為彼此磨合彼此願意而改變，少有一聲令下立竿見影的。只能說有時候你可能可以發現某個缺點的罩門，發現你只要按對鈕他就不會爆炸。

5.最後，我們要反過來看

假若你願意明白認知對方的缺點，你願意和他的缺點好好相處，你願意在生氣或傷心的時候還提醒自己他的優點，還告誡自己我也會犯錯，那你真的是好喜歡他了，恭喜。

題外話，由於我個性很差，有人愛我我都感到萬分驚奇。願意做我的朋友、愛我的人，你們怎麼對我這麼好。

#觀察32

不明白自己的心情，是因為太在乎對方

喜歡一個人的時候是這樣的，你想討好他、想要他開心，
於是你把他的心情當成了自己的心情，不知道自己要的是什麼了。

那天她一直跟我說其實她男友有多麼「不壞」。對，就是先說了他很多壞話，抱怨很多之後，回過頭來的結論又是，其實他真的沒有那麼壞，他跟以前比已經好多了。

戀愛裡頭我們常不明白自己的心情。這不明白不是真的不明白，只是一時不明白，或是想到他的時候就不明白、在他面前就不明白、跟他講起話就不明白。

比如有時氣他氣個半死想分手，講兩句又覺得自己蠻愛他的；跟他講了很多相處上的問題，談了兩分鐘又覺得其實我也有錯，其實他真的改很多了，其實現在這樣也不錯，其實我們或許還有希望，其實我也可以接受這樣的關係，其實我也能接受這樣的戀愛。

比如知道他不愛你了哭個半死，要談分手談一談就上了床，上床的時候覺得自己想跟他上

床，下了床想：我想跟他上床嗎？好像有吧，不然他又沒逼我，我怎麼上了他的床。

為什麼會不明白自己的心情？因為你把對方的心情當成自己的心情。喜歡一個人的時候是這樣的，你想討好他，想要他開心，因為他開心你也會開心，所以「讓他開心的想法（做法、東西）」，就變得好像你也是這樣想、這樣做，你也想要這樣東西。這不是錯的，也沒有什麼不好，在戀愛健康的情況下，這很簡單。就像是你教會男友看《海賊王》，而且他也覺得蠻好看的；男友教會你打橋牌，而且你也覺得蠻好玩的。

戀愛過分傾斜的時候就不一樣了，比如有一方過於強勢，要求對方配合他的心情起伏工作閒忙，弱勢的那方不僅等待臨幸，還會合理化這件事：他真的很忙，臨時取消這些事情也是正常的，他沒空聽我的事情，應該體諒他，他說需要一個人獨處的時間，我會走遠，但只遠到還看得到他招手叫我，因為怕他招手，我沒有飛奔過去他會生氣。

有一方差距明顯地比較愛另一方，另一方不是不愛，就是沒有那麼多的愛。這是你愛他，他也愛你，但他更愛他自己。更愛自己也沒有錯，只是這也導致你一樣愛他勝過愛你自己，你不明白自己為什麼這麼喜歡他，這麼委屈自己還要一直幫他說話，「他沒有對我不好，他一開始就說得很清楚了，他很努力要對我好了」，但沒辦法，事情就是這麼無奈。

你把他的心情解釋成自己的心情，把他的想法解釋成自己的想法，變成其實我也想要分手，其實我也想要冷靜一下，其實我也知道我們不適合。

要怎麼明白自己的心情？首先你該冷靜，不要在當下說出他引誘你說出的話，不要迎合他的想法，不要以為自己猜中然後說出來很酷很成熟很寬大，知道自己真的想要什麼才是真的酷（結尾好像在宣導青少年反毒一樣）。

#觀察33

跟女生聊天，別學呆男的努力

想跟女生閒聊的人，請不要拿笑臉來開頭。因為笑臉沒辦法開啟任何話題，徒增有如垃圾信件一般的厭煩感。

話說，通訊軟體上雖然有很多不熟的人，但很少有人會努力不懈一直來跟我講話，我想畢竟是因為我的冷淡是直接把視窗關掉的那種。不過，最近就有這麼一個努力不懈的人出現了。

這個人每次丟我，開頭總是一個笑臉。我想知道一般人丟笑臉圖案給不認識的人要幹嘛，由於不知道要回覆什麼，所以就直接把視窗關掉。後來我想嘗試回丟給他一個笑臉，結果他竟然又丟了一個笑臉給我！我想這樣丟下去應該是沒完沒了，所以又把視窗關掉。

想跟女生閒聊的人，請不要拿笑臉來開頭。因為笑臉沒辦法開啟任何話題，徒增有如垃圾信件一般的厭煩感。就在我持續關掉視窗後，這個人消失了一陣子。

最近他又出現了，這次有了些許進步，我感覺到他努力想要開啟一個話題。於是有一個週末早上他問我：「你好早起喔！」我說：「對啊。」

「很少有人這麼早起，」他說，接著是一陣沉默，因為我不知道要回什麼。

「你平常有在運動嗎？」他換了一個話題。我說：「有啊。」「那很不錯，healthy life。」又是一陣沉默，因為太無聊了我接不下去。可以看得出來他想要提出話題的努力，可是並不是只要你問了問題，女生就會源源不絕地接下去。現在請男生捫心自問一下，你跟初認識的女生對話是否都是三段論式：你問問題，對方在三個字以內回答你，然後你再回答一句評論（多半是「不錯啊」）。

好不容易想出一個話題，男生必須要有接續下去的內涵。確實，女生話是比男生多，但那是面對讓她覺得有趣的對象。也就是假如你能講一個故事逗她笑，那她或許能多花點心思回答你的問題。

後來，這位男士接續了上次有關運動的話題，「你喜歡海邊活動嗎？」他問我，原來是想約我去衝浪。而且他的台詞還是「夏天的時候我們都會去衝浪，可以找你一起」。靠，夏天的事情你現在講幹嘛，你是這麼沒話題嗎？而且，這完全符合我對年輕男人的描述，年輕男人想約你之前還要先問你的喜好，約衝浪就要先問你是否喜歡海邊活動，約看電影就要先問你愛看什麼電影，那你幹嘛不先問我想不想跟你出去？

我回了「到時再說」以後就出去吃飯了。回來以後發現電腦上多了幾行字：

「請問你現在是單身嗎？想說如果要約你的話，要連你男朋友一起約比較好。」

天吶，這應該要列入年度想知道對方是否有男友的爛台詞候選名單裡，幸好我沒在公司大笑出來。其實，我必須要說，**一個女生是不是有男友，跟她約不約得出來關係不大。假如你怎麼約就是約不出來，她有沒有男友你都沒希望**。相反的情況也是一樣的道理。只是，我到現在還真的沒看過任何一個能夠知道對方有沒有男友而又讓自己不顯得笨拙的台詞（徵文！）。奉勸各位男性，不要太快讓自己顯笨，也不要太快讓女生知道你對她的感情狀態感興趣。

到現在為止還時不時會看到關於誠懇的言論。比如，「誠懇可以打動女生的心嗎」、「男生還是誠意最重要」，對於這些說法，我的評論是：「如果誠懇可以打動人的話，這世界上還有好人卡嗎？」

請不要再散布謠言，也請把這種莫名的想法從腦袋裡趕走。釐清一下誠懇和喜歡之間的關係：**女孩子會喜歡的人格特質有很多，誠懇當然也是其中之一，但誠懇不是手段，而是為人**。也就是說，確實會有女生喜歡誠懇的人，但是把「誠懇」當作自己追女生時的優點，或當作追女生的方法，基本上很弱。認真一想，還真的沒聽過身邊有任何女生說她喜歡她男友因為他很誠懇（不過不排除這個可能性），媽媽對女兒發表的感嘆好像比較有機會用上。

結論：內心默默覺得被我說中的人，這就是你們改過自新的機會！內心默默覺得沒有被我說中的人，你們大概贏了一半以上的男生。

小房間裡的戀愛觀察

有時候，沒了房間，

你發覺一切並不是戀愛，只是寂寞的產物而已。

所有戀愛關係中，我最怕的就是這種。很難抵抗，也很不真實，醒過來之後又覺得很沒意義。

什麼叫小房間的戀愛呢？就是兩個人因為單獨處在密閉環境中，因而莫名其妙喜歡上對方。這種喜歡很可怕，道理卻很簡單，跟斯德哥爾摩症候群類似，就是犯人挾持了人質，但經過一段時間的相處後，人質對犯人產生了同理心，甚至幫助他逃走。看看小房間的力量多可怕！

小房間不一定是指真的小房間（但如果是真的小房間效果更好），而是指朝夕相處於狹隘的環境裡。**小房間戀愛好發於隻身在外租房子的學生時期，跟對方一起上圖書館（某種程度的小房間），最好的例子應該是第三者。**

那時候她有一段祕密的戀情，因為祕密，戀愛多半只能在她租來的小房間裡進行。小房間裡，不就是你跟我而已嗎？房間越小，戀愛加溫越快。最好只剩一張床，大家一開始就在上面談戀愛（笑）。小房間令人失去理智。

你會說，總不可能一直在房間裡啊，其他的時候呢？

我會回答：其他的時候你感覺清醒，但回到小房間裡就又變了。也就是說，平常你感覺想念、甚至有點傷心，覺得為什麼戀愛只能在小房間裡談？但這些壓抑與受挫，回到房間裡只會變成更熱烈的戀愛（尤其在身體上）。

小房間代表著不為人知的進展。女孩子會比平常主動，男孩就不用說了，這次沒餓虎撲羊也只是在等下一次而已。

小房間的戀愛並不健康，最好還是可以發展成出去走走的戀愛。只是有時候，沒了房間，你發覺一切並不是戀愛，只是寂寞的產物而已。只是房間夠小，溫度夠高，於是我以為我喜歡你，我也以為你喜歡我，我們其實只是受到物理條件控制，產生了化學反應。

#觀察35

解構辦公室戀情

距離與祕密在兩人之間營造出戀愛的氛圍：
你們有共同的話題，卻是大團體中的祕密兩人團體。你以為是愛，其實只是腎上腺素。

本人已經放棄這種戀情，所以任何來自辦公室的異性邀約都敬謝不敏。但是辦公室戀情非常常見，很多學生初入社會就被同事追走了，辦公室戀情也好發於那幾年（女性多在三十歲以前，男性則根據職等不同戀愛種類也不同）。

辦公室戀情的結構其實不複雜，簡單來說就是祕密與距離。有關祕密這部分，可以參考前面談過的「錯誤歸因」。辦公室戀情的熱烈有部分亦來自於此。這祕密的起因就是極近的距離、近到需要隱瞞他人的距離。當彼此互有好感想要親近對方時，又要刻意保持距離，但在辦公室中保持距離又相對困難。祕密感就此產生。

比如平常人下班約會就約會，怎麼在辦公室裡面卻搞得好像在演間諜片，刺激指數立刻破表。兩人該怎麼離開辦公室後會合，又該怎麼分開上班去。有些興奮的感覺，你以為是愛，其實只是腎上腺素。隨便隔著幾張桌子用LINE甜言蜜語就高興得不得了，理性想想也知道不太正常，跟對方是怎樣的人其實無關，這完全是情境使然。

距離與祕密在兩人之間營造出戀愛的氛圍。你們有共同的話題，卻是大團體中的祕密兩人團體。你們朝夕相處又同舟共濟，他能認同你的努力也能為你打抱不平。因為祕密，一個眼神交換就福至心靈；因為祕密，人前受的委屈你都等著人後要跟他傾訴；因為祕密，所有事情都顯得更有價值、更好玩、更刺激。

然而，**辦公室戀情成也祕密，敗也祕密。結束的原因通常有兩種，一種是公開了，另一種就是一直無法公開。**前者是公開之後，避開眾人目光的那種戀情助燃劑變成接受眾人目光的壓力，那當然沒有壓力者就比較不會馬上受挫告終。後者就是排假不能排在一起、想單獨吃個午餐也不行，祕密剛開始的時候當然是甜甜蜜蜜，後來變成怨聲載道。所以結論就是，同公司不同部門比較容易長久，其他的就看著辦。

#觀察36

辦公室戀情之風險係數

戀愛的時候不理智，
所以需要理智的地方盡量不要談戀愛。

先複習一下，辦公室戀情好玩的地方是祕密和距離。

辦公室戀情依據層級和部門別還是有風險係數的高低差別。風險最高的，就是部屬和直屬長官。

首先對於兩人關係來說，其實角色會變複雜。除了男友之於女友，又增加了長官之於下屬。有時候你認為你在跟部屬說話，她卻認為你怎麼對女友這麼兇。你有時候想跟長官討論什麼事情，他此時卻正想談戀愛。

如果我們在一起，但我們之間又有權力關係，其實是挺麻煩的。

再者，這祕密很容易演變成政治問題。就算兩個人都說我們要公私分明、實際上也做得不錯，

也很難取信於其他人。直屬長官與下屬的戀情，大概九成九都是祕密，不是祕密的可能是董事長和董事長夫人。這祕密若被揭開，從來不會是因為好事。

看長官或下屬不順眼的，任何小事情都可以歸咎到戀情，這也是因為她比較喜歡他，那也是因為他比較喜歡她，所以這也是不公平，那也是不公平。真的沒有比這個更麻煩的了。

就算沒有戀情，長官也是人，人本來就很難做到公平。人有立場才是常情，所以我們才要訂規矩，避免爭議。可是假若背後有戀情，不管你訂什麼規矩，不管你是否出於正確的考量，都會因為一開始你做出談戀愛的決策，到後面幾乎無法替自己說話。

最恐怖的地方是，你真的因為戀愛而偏頗，而你還不自知，認為自己公事公辦。事情的發展有可能是，你一開始這也避嫌那也避嫌，然後另一方會說同事本來就可以一起吃飯啊，長官下屬本來也就可以一起吃飯啊，所以你們就一起吃飯。然後你們一起這樣一起那樣，同進同出直到所有人都覺得奇怪，還認為自己隱藏得很好。

結論：戀愛的時候不理智，所以需要理智的地方盡量不要談戀愛。

#觀察37

沒有安全感的戀愛，是否可行

沒有安全感當然還是可以談戀愛，只是沒有安全感確實可能磨損感情扭曲人的性格，把關係變成懸疑劇情片，最後總要有傷亡。

曾經聽過人說：安全感跟錢一樣，越多越好。是不是真的越多越好我不知道，不過沒有安全感一樣可以談戀愛。

比如原諒男友劈腿之後，交往就不只是兩個人的事情了。那時他睡了前女友然後說他對不起我，我一點籌碼都沒有他就消失了。一個月之後他回來，說還是想跟我在一起，我還喜歡他，能拿他怎麼辦。之後只要他不在身邊我就心浮氣躁，他說去打球手機沒放在身上，我也只能盯著時鐘等他打來，一邊告訴自己他只是去打球不是跟前女友約會。有時電話接通後他沒有馬上應聲，我在那兩秒鐘內幾乎要落淚，以為他會說我們還是分手吧。連自己都覺得我像神經病，可是能怎麼辦，看不到他的時候萬般煎熬，但只要他出現冰雪就會融化，小鳥就會唱歌。

沒有安全感也可能因為對方愛玩成性，又比如她身邊總是有無數個男生好友，每個看起來都是她一分手就會撲上去，或是之前被打槍過現在只好屈居朋友的位子等待時機。她不但毫不介意地和他們混在一起，也不認為自己有任何報備的義務。雖然她說很喜歡我，但我不在身邊她好像就忘了我，可以一天沒有一通電話，出去了也不知道會不會回來；生日還有人打電話來問有沒有空要不要一起吃飯，我還真怕假如我晚點跟她說耶誕節要出去玩，她就會天真地說，怎麼辦那天我剛好有事。其實我不知道她為什麼喜歡我，如果有一天她說她不喜歡我了，喜歡上別人，好像也不是不可能。

沒有安全感似乎不純然是先天或後天的產物，雖然這邊提的都是後天的。有人天生就愛胡思亂想，也有人是因為對方有多次前科所以戒慎恐懼。沒有安全感當然還是可以談戀愛，因為戀愛當中最重要的其實是喜歡。只是沒有安全感確實可能磨損感情扭曲人的性格，把關係變成懸疑劇情片，最後總要有傷亡。

不過如果你好喜歡他、喜歡到他出軌了你也喜歡，就沒什麼好擔心的。倘若有天他出去了不回來，就是不喜歡你了，他不喜歡你，你就也不能怎麼樣了。假如他出去了又想回來，你還喜歡他，就只能讓他回來。喜歡對方還能狠下心不讓他回來的，真的是一點安全感都不剩了。

戀愛中最重要的是什麼？常有人說是信任。怎麼會是信任呢？假如要信任的話跟你最要好的朋友在一起就好了。**戀愛中最重要的就是喜歡，堅若磐石的喜歡是喜歡，如坐針氈的喜歡當然也是喜歡。**

#觀察38

察覺他的「小喜歡」

收斂過，拘謹有禮的小喜歡，最討人喜歡。

小喜歡真的很可愛。

有時候要發現一個人對你的小喜歡並不太難。他會做一些不是他做也沒關係的事情，當然因為他會收斂他的小喜歡，藏起來，所以會選他做起來也不奇怪的事情。不過只要你認真想想就知道，如果不是基於小喜歡，不管是按照經濟、人情、流程、常規，都不會是他做。他之所以會做，完全是出於他的意志（也就是他的小喜歡）。這種小喜歡，最討人喜歡。

他打電話來，說「嗨，我是凱文」，你說「啊，凱文，哈囉」，其實這通電話要講公事，而以公司窗口對公司窗口來說，若不是熟到一定的程度，不會把公司名稱從自己的名字前面拿掉。也就是說，凱文平常撥出電話的招呼語是應該是：「嗨，我是某某公司的凱文，現在方便說話嗎？」再說凱文是個這麼普通常見的英文名字，以雙方只通過一次電話，見過一次面的交情來說，更應該把公司放在個人前面。

凱文可能是有意識地，也可能是無意識地做出這個選擇。若是在有意識的情況下，那凱文就是在測試她是否記得他；無意識的情況下，凱文是希望她記得他。不過真實的情況大多是兩者各占一點點，也就是我有點想知道你對我有沒有印象，但不一定知道自己已經做出測試的舉動。而她說「哈囉」不表示她於私也記得他，可能是在他報名字的那個瞬間，她掃過所有凱文的名字再交叉比對聲音跟最近的業務。

由於小喜歡是一種收斂型態的喜歡，我們最先考慮的事情是怎麼樣不會被看穿，然後才考慮可以怎麼樣表現喜歡。實際上，問題會變成，假如今天女孩子知道會見到對方，她該怎麼打扮？她的打扮必須符合見面的場合，這是第一，然後才想我怎麼打扮他會覺得我很可愛。這會增加女孩子的內心戲以及出門的困難度，不過男孩子通常毫無所覺。

或者問題會變成，我怎麼樣可以幫上她一點忙，多跟她講一點話，多跟她相處一下下。我不會把她放在工作的前面，但可以把她排在工作的後面，當作聯絡事項。這有時候是上司對下屬的疼愛，有時候是前輩對晚輩的關心，有時候是工作上建立的交情。有極偶爾的時候，他會把他的小喜歡拿來開玩笑，這就當作他說過了。

#觀察39

輕鬆點的戀愛，可以長久

把戀愛談得輕鬆點，不代表我不愛你。我們越能自在安心，甚至安心到表現出一點小壞心，那不是很好嗎？

這想法是我近年一直參加婚禮的感想，不過這感想顯然還沒有個幾十年的數據支撐。

幾個月前我參加好友的婚禮，他們交往十幾年了，也早就已經住在一起。我跟新娘子認識約莫二十年。是，真的是二十年。新娘子為我挑了一套有史以來我穿過最露的伴娘服，她說要給新郎的男性單身朋友們一點福利。

婚禮當天新郎說不想別上寫著「新郎」的名牌，「應該看就知道了吧？」他對還在化妝的新娘說：「會有人不知道新娘是誰嗎？難道會有人把大魔王當作新娘嗎？」

新娘笑著回答「那可難說喔」，新郎轉頭對我說：「大魔王，那你等下小心一點，不要出去外面亂走，免得被人當作是新娘。」新娘又笑：「好啊，不然你等下牽她出去啊。」

身為一個局外人，聽到這邊應該會開始冒冷汗。不過他們真的只是在玩鬧，而我以為，**可以這樣開玩笑的關係，可以保持這樣的幽默感，可以不用時時擔心會傷到對方，或是時時被傷害，才是可以長久的戀愛。**幽默感的背後是對等的關係，在一方比較愛另一方，而且差距甚遠的情況下，顯然開不成這種玩笑。

我認識的另外一對夫妻，很有競爭心。每回大家一起玩牌的時候，你以為他們會同心協力，不，他們是最有競爭意識的，一個輸了，另一個最先酸他。不過談到白日夢的時候，兩個人合力編織的速度倒是比誰都快，比如創業要創什麼，他們一下子就進展到發展品牌讓別人來加盟的程度。

我不知道戀愛中純粹只有你愛我和我愛你的情況可以活多久，也許也可以很久，只是我沒遇過。我喜歡戀愛裡有友誼，有競爭，也有些傻氣，當然最重要的還是有幽默感。

我在戀愛裡被開的玩笑可大了。我一向不屬於正的類型，所以其實我很常遇到外表的玩笑，笑我胖、笑我醜、笑我配不上對方。年紀很小的時候（高中）會在意，後來好像就蠻泰然自若的。

當然我不是要說只有這種互酸的戀愛才能長久，也有些戀愛是靠別的元素。毋寧說我喜歡把戀愛談得輕鬆點，這不代表我不愛你，我們越能自在安心，甚至安心到表現出一點小壞心，那不是很好嗎？

Part 3

在一起的實地演練

雖然是你喜歡我，我喜歡你就好的事情，
但我們都需要練習，讓愛更美好。

#觀察40

表達喜歡的重點筆記

喜歡要建立在理解上，
用對方喜歡的方式去對待他。

我說我很會表達自己的喜歡。有人問我，這樣難道不擔心影響到別人、讓別人覺得煩，或者別人冷處理，不理你？今天我們就來談，該怎麼表達喜歡。

先問一下，大家覺得，「我」表達喜歡「你」，這句子裡，是主詞比較重要，還是受詞比較重要？

選好了？回答「我」的，表示你還不太會喜歡別人。

表達喜歡的重點是，用他喜歡的方式去喜歡他。

在表達你的喜歡之前，先確認：你對他有足夠的瞭解嗎？你知道他是怎麼樣的人嗎？你知道他喜歡或需要什麼嗎？這種瞭解不是一件容易的事，連父母親都不見得做得到。

比如說，媽媽因為女兒半夜不回家睡不著覺，經常打電話罵還在外面的女兒，吵一吵就放話說我是關心你，不然你就搬出去啊，我眼不見為淨。

有沒有覺得什麼地方怪怪的？如果你真的關心我，為什麼我搬出去你會好一點？如果我搬出去，你看不到我你會好一點，那你不是真的關心我，你只是要讓自己好一點，睡得著而已。

我們舉簡單一點的例子，比如你有個喜歡的人，所以你想靠近他，你想跟他說話，你想送他東西，你想跟他約會，你想要他也喜歡你。注意到了嗎？上面這些包含很多「喜歡對方的你」，但沒有什麼「被喜歡的他」。你有沒有想過對方喜歡怎麼樣的人，喜歡聊什麼，喜歡收到什麼東西，喜歡去哪裡約會？還是你覺得只要自己真心喜歡對方就夠了？

有些時候你覺得，我們中間都有發展，我給她禮物她會收，我約她也會出來，為什麼最後還是被打槍？會不會是因為，你為她做了很多事情（是你想做，但不一定是她想要的），她只是接受而已，她一邊接受一邊還覺得，這個人果然不瞭解我啊，這個人果然不是我的菜，這個人我果然還是沒有感覺啊。然後，等到最後的最後，你想要她接受你的時候，就發現，兩人之間還有條馬里亞納海溝。

所以表達喜歡的第一件事，就是瞭解對方。而且，人很想要被瞭解。比如說，平常跟對方相處的時候，你有觀察到他的生活作息嗎？我曾經遇過一個跟我之間的接觸只有聊 LINE 的人，聊到一半他突然說：「你這時間不是應該下班了？」我就知道他有在注意這件事。

或者你注意到對方有什麼口頭禪？雖然沒說出來，但是很愛吃什麼東西？今天比較晚上班，今天比較早下班，每天中午都吃差不多的東西，今天特別吃了不同的東西……**雖然都是些小事，但稍微透露一些，讓對方知道你對他的觀察，很容易幫助你們建立交情**。表達一些沒說出來的什麼，比表達喜歡更好。

接著我們繼續談如何表達喜歡。請注意，這種表達完全不是告白，也就是雖然你在表達喜歡，但只是要讓對方覺得你們有點什麼，並不是在跟他說你喜歡他，可是要讓對方猜測你可能有點喜歡他，所以絕對不能露骨，也不能一直表現出「因為是你」的氣氛，是不是「因為是你」，要對方有所回應才行。

1. 表達觀察和瞭解

前面談過，表達喜歡之前要先瞭解對方，知道對方的喜好。**有時候光是表達出你知道對方的喜好，對方就會對你留下印象**。這邊要提醒的是，過猶不及，新手班很容易就此變成小奴才，一直想要討好對方。不是要你瞭解他之後去迎合他的喜好，而是你可以說出對他的觀察，讓他覺得你細心敏銳（新手和中級班等級），甚至讓他莫名出於一種被看穿的心理，也想要觀察你（進階大魔王等級）。

2. 表達好奇

有時候，光是表達出你「想要」瞭解他，他就會開心。如果可以的話，把人類學的好奇放在上面。之前回應過讀者來信，大部分的人都想要被瞭解，表現出不想被瞭解的，其實不一定是真的不想，而是不想被看見弱點，或者不想被「輕易」瞭解，覺得很難被瞭解比較酷、容易被看穿比較遜。

3. 表達親近和照顧

剛開始是比較普遍性的，符合男生和女生一般的需求。舉個例子，有些男生會在機車置物箱放外套，如果載到穿裙子的女生，就會給對方貼心的感覺。或是女生去看男生打球的時候，隨身帶瓶水或運動飲料準不會錯。普遍性的好，做出來沒關係，對方不會因此覺得很有壓力。做這些事情的時候要大方一點，可以說「我不知道你們會不會想喝冰水，就買了過來」。一個小技巧，可以用「你們」取代「你」降低特殊性。

一樣，不要做得過火，像男生就不要隨時去盯女生手上有沒有提東西，說要幫對方拿的時候自己會害羞，對方說謝謝不用了的時候，還露出失落的表情，這是笨拙的表達。不是說女生不吃這一套，但就是有點笨拙。

表達喜歡的進階，其中一種是給對方一點特殊待遇，略施小惠。但如果你要給對方特殊待遇，不要把底牌掀出來，讓對方覺得是因為你喜歡他才對他好，這樣對方一有壓力就會跑走，不跑走的話也可能讓你變成一個好人。特殊待遇要靠前述的「觀察」，看你怎麼樣可以幫他一點忙，或做起來不太麻煩、但他很受用的點在哪裡。

一樣要**提醒大家，對對方好，不要馬上把這件事情建立成頻率**。有時候因為你喜歡對方，你會很快讓自己固定做這件事，比如女生固定叫男生起床，男生固定載女生下班。固定頻率這種事，確認對方對你有好感、甚至有點喜歡你再做比較好，不然很容易自己一頭熱：你說，會有人不喜歡我，但是讓我固定去載他下班嗎？會啊，如果他很想要有人載他下班的話。

4.表達對方的優點

稱讚漂亮的女生長得美，是稱讚，但她大多時候也知道自己好看，稱讚雖然還是稱讚，但你知道，也只是稱讚。

能打動對方的稱讚，要帶有特殊性、微妙，甚至相反、無人知曉的。微妙就是不用露骨，或者有時候非常露骨；相反就是稱讚他可能會認為是自己缺點的地方。無人知曉又與前述的觀察有關：比如說，對很少被說可愛、甚至被說可愛會困窘的男生說，你苦惱的樣子還蠻可愛的，他就會被打動。或者比如說，對在雨中很狼狽的女生說，你頭髮都亂了好醜喔，女生急著整理頭髮又想回嘴的時候，你又說，沒有啦，還是很可愛。

#觀察41

制約，簡單有效的追求法

制約就是成為對方的習慣，讓他下意識地習慣你的存在，繼而變得不能沒有你。

制約是個人覺得最有效的追求方法之一。我寫過追求正妹的方法，後面有個題外話：「最高段的追就是不用追。」今天用「制約」來解釋一下不用追是什麼意思，當然除了制約以外還有其他方法，而且制約有使用的條件限制，沒有什麼招式是萬靈丹。看過漫畫《獵人》就知道，威力越強的念能力需要達成越多條件。認為靠著一片真心就可以追到女生的人，請現在從本書第一篇開始看。

制約就是成為對方的習慣，最簡單的解釋就是巴夫洛夫的狗。每次餵狗的時候都搖鈴，久了之後光搖鈴，狗也會流口水。培養對方下意識地習慣你的存在，那麼只要你一消失對方就會出現禁斷的症狀，這時他很有可能把禁斷誤認為對你的喜歡，你再適時地出現，制約訓練就算完成，豢養成功。

使用條件是對方要對你有好感。他不一定要喜歡你，但是不能討厭或沒感覺。最好是不認為自己喜歡你，只是把你當作他的好友，對你完全沒有戒心。使用時機是一起出去玩過也確認過彼此關係不錯的時候、可能有兩個星期沒辦法見面的時候、暫時追不到而必須打長期戰的時候，還有雙方輕微曖昧的時候。

關於使用的方法，在高中時要做到很簡單。每天固定時間打電話給他，沒有手機有門禁的日子裡，反正他一定在家。現在制約恐怕得透過通訊軟體和簡訊達成。**一般的狀況，可以每天跟對方講點有趣的事情，但切忌想不出話題還硬要接下去。**懂得適可而止，表示自己該去睡覺了，比對方更早離開對話，下次發球權才又回到你身上。從出去玩的隔天開始，傳一點輕微曖昧的簡訊，但最好比他早說晚安。不一定每次都能做到的人，請盡量三次中有一次做到。

接著一定要談談這個問題：正妹可以透過制約追到嗎？

可以，但是很難，因為她通常很忙，很多人等著約她，要她因為你不在而感到寂寞無聊會有點困難，這也是技術含量最高的地方。反過來說，假如制約成功，她必然會認為自己喜歡上你了。

有關制約，這邊要提醒大家，接下來的做法雖然聽起來很酷，但初級班的人請不要用，或是連對方喜不喜歡你都不知道的話，就不要嘗試了。

1. 我要怎麼制約對方？

首先，假如你是初級班，請不要使用制約。為什麼？因為通常被制約的人是你自己。主人每天都餵寵物吃飯，主人會忘記餵，但是寵物不會忘記吃，因為主人不會肚子餓，寵物才會肚子餓；所以主人可以制約寵物，但寵物不能制約主人。假如你好希望好希望他喜歡上自己，你每天每天都想盡辦法跟對方有點交集，你每天都想一個簡訊或電子郵件的哏丟給他，請問你在制約誰？當然是你自己啊。制約是你能夠用平靜的心情，甚至玩遊戲的心情去做才不會自己深陷其中。不然你寫信給他，有天他不回信了，你不是急死了？

2. 同理可證，我要冷落他嗎？

這件事跟制約很像，就是會有人覺得，我冷落對方，他就知道我的好。並不是沒有這樣子的事，但另外一個可能性是，你冷落對方，對方就忘記你了。冷落這件事，不是你一直想著我要冷落他我要冷落他我不要跟他講話，然後天啊我這樣冷落兩天應該很久了，那我可以再約他了吧。抱著這種想法，只要你一回去跟對方講話，他就知道你之前都是故意的，或是說，他知道你放棄冷落他了，然後更不在乎你是不是冷落他。

保持距離這件事的真諦是，除了對方以外，有自己的生活。有時候跟對方約會，有時候跟其他朋友出去，有時想著他有時放下他。他感覺得到你有時放下他，他才會希望你多想著他一點。關於這點，給初級班的建議是有點自己的生活，給中級班的建議是，練習收放自如。

制約要花的時間長度，通常跟經驗值成正比。如果對方很有經驗的話就很難被制約，生活單純的對象比較容易，所以建議初級班不要使用。

在自然的情況下，你若有過一次被制約的經驗，以後別人挑在同一個時間傳簡訊給你，你就會知道他想做什麼，腦中的警鈴就會響起來；而這個腦中的警鈴只會在你還沒喜歡上對方、大概交情開始變好的階段響起而已，這時你若沒注意到、沒攔下來，後面就要多花功夫。如果你常常被制約，那就是因為一直跟著心意走啊走的，沒有想要抵抗的意思。

反制約這件事，都是因為你對制約你的對象本來就蠻有好感，簡直就是門戶洞開、等著被他制約。對於喜歡的人，不是都會很想瞭解他嗎？對，我也知道，可是又不是喜歡對方就一頭栽下去，那要是喜歡上一個牛郎、他要你去當酒店小姐怎麼辦？我的意思是，在喜歡對方的同時保持理性，這樣對你沒什麼壞處。

好，所以這一課的心法叫作「保持理性」，具體的操作叫作「反習慣」，這會有點像戒斷，只是沒那麼嚴重。也就是說，你知道什麼時候可以見到他，或是什麼時候他會上線，什麼時候他會丟你訊息。刻意違背這些規則，這絕對不是叫你坐在電腦前面告訴自己我不能先丟他，因為意志力在百分之九十九的情況下都輸給情感，你要破壞的是制約的環境。

比如說，**故意在他會上線的時間去運動，看到他上線就去看電視，故意把手機開靜音，故意幫自己安排活動晚回家。你不能一邊枯坐一邊鍛鍊意志力，你要幫助自己分心。**回家後故意花很長的時間洗澡，洗完澡還規定要擦完乳液敷個面膜才能回到電腦前或看手機。花多一點時間閱讀，一本好小說可以幫助你花掉等待的時間精神。若是他搖鈴的時候，你都不在，就算他端了牛肉，你也不會流口水。

坦白說，大概沒有完全無痛的反制約，但你可以盡量減輕症狀。

另外可以馬上開始實行的練習就是，不要告訴別人你們「每天」都會怎麼樣。言語是咒，你一旦說出來就會一直注意這件事，並且好像要為這件事情的正確性負起責任。假如你觀察到對方每天都會丟你，千萬不要把這個發現告訴別人或跟別人討論，這就是陷入制約的第一步。當作你沒有發現這件事，想說他最近真閒啊，這樣就好了。以我自己來說，有好感的男生丟我，就算看到視窗發亮，我也可以毫無痛苦地不回，只是因為我不想以那個頻率跟他互動。

關於制約的想太多，比較偏向女生，也更初級班一點。想太多很容易讓你創造出一個讓自己被制約的環境，甚至對方根本還沒有開始制約你。

前面我們提到**千萬不要把你對你們關係的觀察說出來，是反制約練習的第一步**，現在我們要談一些更基本的東西，我想女孩了會更需要一點。就比如說，昨天他打電話給你，你很開心，不過今天他沒打給你。

你就回想：為何昨天他打給我，今天卻沒打呢？是了，昨天是星期二，他比較早下班，他會跟朋友去打籃球，照時間推算他是在打籃球之前打給我。因此，下次他早點下班的時候你就期待他會打給你，下次他打籃球的時候你也期待他打給你。如果都沒打，你就等到下個星期二，再度期待他打給你。

嘿，他除了打了一通電話以外什麼都沒做啊，你不能幫他建立頻率的假設。有時候對方根本沒有要制約你，你就已經認為對方在制約你，而且覺得自己已經被制約了，真的是想太多。**如果不想變成這樣，有一個簡單的方法可以應對：把所有發生的事情都當作「個案」，也就是碰巧發生的。**比如說，今天他丟你，明天他丟你，後天他丟你，那大後天呢？沒怎麼樣。就跟樂透開獎一樣，每天開的號碼都是獨立事件，不會因為今天開五號，明天開五號，後天就比較會或比較不會開五號。他最近比較常找你講話，可能是因為他最近比較閒，你又剛好在線上，僅此而已。能夠平心靜氣地做到這點，大概就跟被制約絕緣了。

甚至如果對方是個很厲害很積極的男孩子，當你讀到他訊息的時候，也要想想他沒傳給你的日子，大概也傳給另外一百個女生，或者傳給你的之前和之後，也傳給另外一百個女生，想完就無所動心了。不過這個想法很極端啦，搞得自己很沒安全感也不好，總之大原則是，你要瞭解，他對你做的事情就算很常發生，也不一定依循著規律的頻率，而是各自獨立的事件。

當作「個案」的最大好處是，你可以用比較客觀的角度觀察，而不會馬上將這些事件賦予象徵意義。講白一點，就是他今天約我只是想約我，不是他很喜歡我所以約我。幸好這很難做到，我想不會因為這本書而創造出很多難追的女生。

#觀察42

分清你在克制欲望，還是延遲滿足

要滿足當下的欲望，
還是要忍耐點、放長線釣大魚？

你若不想克制欲望，也不是一定要克制。只是不要想讓自己又不克制、又可以很冷靜很酷。

克制欲望在商業領域有一個很有名的故事，講出來大家應該也都聽過：先別急著吃棉花糖。丹尼爾．高曼（Daniel Goleman）在《EQ》裡面寫過，後來棉花糖系列出了好多書。這是史丹佛大學對四歲小孩做的實驗，他們把一粒棉花糖擺在桌上，跟孩子說：「我出去一下，如果我回來的時候你還沒吃棉花糖，我就會多給你一粒棉花糖。」真殘酷的實驗，用來測試孩子克制情緒與壓抑衝動的能力。

這個實驗追蹤到這些孩子中學畢業，他們發現能夠抵抗誘惑的孩子，社會適應力較佳，也較能面對挫折，面對困難也不輕言放棄，追求目標時也和小時候一樣，能壓抑立即得到滿足的衝動。

在入學試驗上，用棉花糖試驗預測成績比智商測驗還準確（到開始念書的時期，ＩＱ測驗的準確性才提高）。

發明棉花糖試驗的米迦爾（Walter Mischel）定義此現象為「目標導向的自發式延遲滿足」，意思就是克制衝動（吃一粒棉花糖）以達成某種目標（將來可以吃兩粒）。

好，學術課結束。我想「延遲滿足」的好處不必多言，用減肥當例子就很清楚，你必須要克制當下的衝動（暴食），才能達到未來的目標（穿比基尼）。當然如果你覺得暴食的滿足比穿比基尼好，這個說法就不成立，但大部分的女生暴食之後只有罪惡感而已。

那麼在情感上，延遲衝動有好處嗎？這邊我們先排除簡單的面向，比如不想生孩子所以都要做好安全措施、或是不想跟現任女友分手，所以面對前女友的誘惑要把持住，另一方面，假如雙方都是憑感覺而且很衝動，那你們喜歡就好，我們也不討論。我們只談如果想要達成的目標是「在一起」，是不是該要延遲衝動？比較像是「我想要跟對方在一起，那該打電話給他嗎？該約他嗎？該跟他說我想他嗎？該說我喜歡他嗎？該多常跟他出去？該跟他牽手嗎？該跟他擁抱嗎？該讓他親嗎？」

我沒有標準答案，只是給大家一個思考的點：**你想做的事情，到底是滿足衝動，吃掉擺在面前的棉花糖，但因此達不成目標；還是克制衝動，設法轉移對糖的注意力，然後可以離目標更近一步？**我的意思是，有時候你當下好想好想做的事情，你會覺得「為何不能做？我明明就很想做啊！」其實是違反你真的想達到的目標。這就又回到暴食和比基尼的比喻。你要搞清楚現在到底是在失心瘋，還是在為夏天做準備。

所以呢？以我自己的建議來說，**要能夠長期克制欲望，以週期性的方法來做最能持久。**你從頭到尾都在忍耐的話，有一天爆發就會失控，比如一直忍耐不要太主動，有一天就突然跟對方告白。給自己一點週期性的空間，每隔一段時間就容許自己釋放一下壓力，其他的時候還是要想想目標到底是什麼？結論讓我用一個老哏：七十而從心所欲，不逾矩，經驗值夠多就慢慢可以知道分寸。

#觀察43

接觸的技巧

肢體接觸容易讓人聯想到曖昧與試探，
但單純的觸碰可以是提高彼此好感的好方法。

女生要去碰男生太簡單了，只要伸出手就可以，只怕你不敢伸，或伸太快被吃掉而已。

1. 撐傘時

男生難免會跟女生有一起撐傘的時候，你跟女生一起撐傘時，是用裡面的那隻手，也就是靠近她的那隻手撐傘，還是用靠外的、離她比較遠的那隻手撐傘呢？

如果男生要表現紳士有禮，當然會用靠近她的手撐傘，而且她可能手也幫撐，但其實身體都在傘外面，怕她淋濕。這沒什麼不對。但**如果你要碰她，應該用靠外面的那隻手撐傘，另外一隻手扶她另外一邊的肩膀或後背**。這大概是快要曖昧的時候會做的事情，不過就算還沒曖昧，偶爾讓她害怕一下沒什麼不好。而且說實在，這樣子兩個人都比較不會淋濕啊（理直氣壯貌）。

題外話，**如果男孩子幫我撐傘，我對他有好感，我會輕抓著他撐傘那隻手的袖子**。（喔，我好過分。）如果他用靠外的手撐傘，也就是我跟他之間沒有手擋著，我可能還會找些機會躲進他那邊（實在不想用懷裡這兩個字，這感覺太深入，其實就是模糊你和男生身體之間的界線而已），這個要做得不曖昧很自然的技術含量有點高（但我承認我真的很過分）。

2. 夜店裡

有天去吃飯時，義大利麵店的音樂走夜店風，迫使我們須提高音量才能講話。我想，夜店的音樂之所以要震耳欲聾，原因之一是要讓男女生貼著耳朵講話，或者讓人根本無法講話，又或者這讓男生更想找話題講？至少在夜店裡，大家都得接受兩個人非親非故貼著耳朵講話。在電影院試圖這麼做被我歸在沒有禮貌，不過，在夜店裡，貼著耳朵講話好像已經是最紳士的親近方式了。

回歸到白天，**偶爾女生可以試著跟對方講悄悄話，用吹氣碰對方的效果很好**。在曖昧的時候，用咬耳朵來形容更為貼切。男生主動的話，大概只在夜店比較通，平常時候女生不見得願意聽你講悄悄話。

3. 照相時

我比較不建議男生在這個時候碰女生，很像吃豆腐。不過建議女生趁此機會靠近男生，比方跟對方做成對的手勢，假裝要打他或捏他下巴，跟他擊掌之類的。做完又可以自然地走開。

跟大家講個故事，那時還是去哪都騎車的年紀，寒流來的時候風颳得臉痛，如果還飄點雨，濕氣會鑽進外套裡。社團活動後，他照例載她回家，說不順路還蠻不順路，硬拗有一點順路也可以，他總是對她說：「我要照顧小學妹啊，雖然不是挺可愛，不過你這麼晚一個人回家我不放心。」

他說：「冷的話手可以放我口袋。」好像在機車上，抱著前面的人不算什麼。上了前面的陸橋後，離她家就不遠了。等紅燈的時候，她問：「你手會冷嗎？」抽出溫熱的手伸向他，「喏，借你。」他握住她的手，一起揣進口袋裡。

接下來，我們要談男生碰女生，當然限定在交往前，交往後你們要怎麼碰各自可以發揮創意。曾經我的男生朋友在積極發展關係時，經常向我尋求意見。有天他問：你怎麼一直叫我去碰她，真的這樣就可以了嗎？我只想說：事情真的就是這麼簡單。現在我想他已經可以為我當正面案例了。我以前說，**好的告白都是已經有交往之實才確認關係的，就是手也牽了人也抱了，才叫她女朋友**。接下來的動作不難，連我最純情的男生朋友都做得到。不過當然，如果認為交往前不該碰對方的可以跳過這篇。

1. 摸頭

我自己不喜歡，不過很多女生喜歡。我想對小女生或想當小女生的女孩尤其有用。很多男生自己也很喜歡摸女生頭，好像表達疼愛的意思。但就算遇到有點好感的男生，我會輕巧地逃開或忍耐，遇到一般男生做此嘗試的話就先扣分。

你若跟女生有年齡差距（心智年齡、社會經驗或地位的差距也可以），或是女生在跟你撒嬌的時候，都可以嘗試。對這件事有心理障礙的人可以先擱著，我們下面還有更入門的選項。**摸頭的延伸選項是摸頭髮，但摸頭髮比摸頭曖昧**。不知道怎麼做的可以請教身邊的大哥哥達人，會比較傳神。

2. 扶她過馬路或讓她走在馬路內側

這動作可以做得很紳士，基本上不太會被拒絕，但如果她下次過馬路走得超快，或一接近斑馬線就自動遠離你，你就該知道意思。反過來說，只要她沒有刻意遠離你，你就應該做，不能等到她說「你都不帶我過馬路」才去做。

關於肢體接觸，基本上我的看法是，**你們有點曖昧，兩週約會一次或超過一次，每天都線上聊天，那出去的時候可以碰就應該碰，就算她說不要也一樣**。因為如果她不想跟你發展下去就不會跟你出去，她若嘴巴上說不想，但你約她都會成功，就不必太聽進去。女生本來就被教導不能給別人碰，以為接觸之後會有什麼壞事，這觀念有好有壞，好的是畢竟弄不好的話女生會懷孕，壞的是因為缺乏經驗，被碰了以後很容易喜歡上對方。**本來沒有曖昧的，有機會碰也應該碰，碰一碰就變成曖昧的也所在多有。**

題外話：過於喜歡的東西很難理性地談。我是非常喜歡肢體接觸的人，男女不分，因此可以想見容易產生誤會。甚至我最要好的一些女生朋友們，多半都在我已經抱了她們數年以後，才無意間說出她們其實不習慣被人碰觸。此時我總會驚訝地說：「可是我很常抱你啊。」她們就會害羞地笑：「對啊。」我很感謝她們能把我的接觸視之為愛而接納，因為這是我最懂得的愛的方式。

3. 牽手

大概在曖昧和在一起之間的階段，可以玩玩她的手指頭，她若假裝沒事，就牽她。不想給你牽的，大概一開始就不會把手伸出去。不過這先決條件是，你沒事就會碰她，不然一出手就瞄準她的手，她會很有戒心。搭乘大眾交通工具、坐計程車的時候也是牽手挺好的時機。關鍵已經講過兩百次，就是要自然一點。牽了以後自己的掌心冒汗實在不會給人太好的感覺。人潮擁擠的時候，你可能叫她跟緊你或拉住你，但你若拉住她，就要適時地改成拉她的手，不用一直都很紳士地拉她袖子。

無意間牽手的好處是，如果她把手抽回來，你當作沒事就好了，還是可以跟之前一樣相處，不必覺得你被拒絕。如果她不但把手抽回來，還挑明問「幹嘛牽我的手」，那她已經知道你喜歡她，但她在跟你玩躲貓貓。如果她從此變得很難約，你們也可以就自然地當朋友，畢竟你也還沒有告白過，你們的關係不會因此有個什麼難以忘記或難堪的一刻。

4. 擁抱

是不是牽過手才能抱，不盡然。講白一點，擁抱的環境誘因大，在兩人獨處的時候、黑暗的地方比較容易成功。什麼時候可以抱？如果女生願意跟你單獨處在黑暗的地方，而她露出沒有防備的樣子，就可以試試看。當然還是要注意分寸（希望不要因此誘發出一堆色狼）。

依我的偏見，從背後比正面好。好的意思是，比較容易成功，女生的感覺也比較好。正面擁抱和親吻的距離很近，有時她們會怕你親她。為什麼可以抱不可以親，不要問我，有些女生的規則就是這樣訂的。有些女生的尺度抓在擁抱，有些抓在親吻，所以從背後抱她們比較容易順從，也比較有安全感。這安全感弔詭地同時來自你的擁抱，和你還沒有要親她——對，女生就是這麼矛盾，規則都是她訂的。也因為這樣，剛開始擁抱的時候，盡量不要跟性扯上關係。

重申：這是我的偏見，喜歡在曖昧期正面擁抱的可以舉手喊個聲。

最後一點提醒，擁抱跟牽手的時候，請不要呆到問她：「那我們是在一起了嗎？」或者「我可以親你嗎？」**發展關係的時候，先有男女朋友之實（肢體接觸），要有男女朋友之名就容易許多。**甚至，容我問男生一句：如果只能選一個的話，你是想要可以像對女朋友那樣對你喜歡的女孩，還是嘴巴上叫她女友的柏拉圖戀愛？

#觀察44

單獨約會須知

男生請注意，不要讓女生知道你約她是不是對她有意思；女生要記得，每次出去都讓他覺得這次約會是成功的。

單獨約會這件事，對我來說，就是一個人跟另外一個人出去，這個人是男是女對我來說，不是太重要，只是我願意跟他單獨出去。

初級班

我們要先釐清一件事：初級班的女生認為男生單獨約我，就是對我有好感，至少她們會懷疑這件事。初級班的女生也會認為，我對他有好感才答應跟他單獨出去。嘿，這些想法常常都是對的，因為初級班的男生也會認為，我對這女生有意思所以才想約她單獨出去，他們也會認為，這女生願意單獨跟我出去，可能是對我有好感。

就拒絕邀約來說，初級班的女生會覺得，為什麼這男生跟我不熟也要約我（其實是問，他怎麼可能對我有好感）？就像初級班的男生會認為，她不想跟我單獨出去，是不是對我沒意思啊？呃，這些也都不是錯的，只是入門而已。

在初級班這邊，第一次單獨約會非常重要，對新手來說簡直就是決定生死的一擊，假如不成就灰心喪志問：「請問女生拒絕單獨約會，我是不是該放棄了？」假如約成就當成大考一樣準備，深怕自己犯了什麼錯會造成終身遺憾，「請問我明天要第一次跟她去看電影，有什麼要注意的地方嗎？」初級班沒什麼特別要注意的地方，可以多去認識一些異性朋友。

中級班

中級班有異性朋友，偶爾也跟他們見面吃飯看電影。或許你對男友或女友跟其他異性見面還是不開心，但自己就會去見面，而且還覺得我們有超乎朋友但不逾矩的情誼（因此更加不願意男友或女友跟他們的異性朋友見面）。

對中級班女生來說，重點是每次跟他出去都讓他覺得這次約會很棒。基本上中級班的女生還是不太會約男生（不然這個類別的人數會銳減），跟男生出去不成問題，但花很多時間在評估對方，比如他是不是體貼有幽默感？他對女生好不好？他的交友關係複雜嗎？他是大方還是小氣？也花蠻多時間評估自己的表現：我這樣他會不會對我有不好的印象？他對我有好感嗎？他覺得我是怎樣的女生？等等。讓對方覺得很棒，並不是在釣魚，而是不管你下次還會不會和他出去，現在的你已經在外面跟他單獨相處了，把事情搞糟對誰都沒有好處。封鎖刪除這種事情等回家再做就好了。讓這次約會的兩個人都過得不錯，也是你可以好好和他相處的前提，免得他一直想要討好你，或是為了約會中的小不順遂道歉，總之他已經跨過單獨邀約你的門檻，讓他覺得這次約會很棒，就有機會能夠引出他更好的那一面。

怎麼樣把約會變得很好呢？除了打扮以外（這是前提），最簡單有效的方法就是隨和一點。不要期待第一次約會一定要多完美，他一定會多用心準備。事實上他有可能很用心但就是神經很大條，不知道你不吃牛還帶你去吃牛排，明明很冷還要載你上陽明山看夜景。男生可能平常都騎摩托車，為了跟你約會特地去借車，導致他走錯路、迷路、在停車場折騰好久才停進去。又可能他就是很該死地遲到了，問了一些笨問題，踩到你的地雷。但想想，他也沒有天眼通，很多事情他本來就不會知道。

約會中發生小不順遂的時候，身為女生，可以主動大方地化解僵局。我會把這些事情拿來開玩笑「迷路也沒關係啦，很像冒險」（把壞事變成好事），「遲到啊，等會罰一杯飲料喔」（罰做一些小事，讓他們卸下罪惡感），「你很糟糕耶，怎麼可以問女生這個」（用開玩笑的口氣避過問題）。

再進一步，稱讚。男生比較單純，意思是他們被稱讚的時候，通常都認為對方是真心的。女生想比較多，會猜測對方的用心，對方是不是奉承，是不是對我有企圖。所以我蠻建議女生可以適度稱讚男孩子，就稱讚一些小地方就好。比如說，「哇，你有先訂電影票啊，好體貼喔」（雖然你平常跟朋友約都會訂電影票，男生訂了你還是可以稱讚他），或者「謝謝你喔，因為你送我回家，你回家就很晚了」。或者「這家餐廳我一直都很想來呢」（到底有多想是可以存疑一下）。

最後要提醒一下，做上面這些，和給男生機會是不一樣的。界線在哪？如果不要給男生機會，約會的中間不要談到「下一次」，也不要理會男生談「下一次」。「這一次」很開心，OK，「下一次」就再看看。你這次約會可以隨和，也可以稱讚他，但不要表現出你很想再跟他出去。反過來說，假如你在約會中提到「那部電影我也還沒看過」，「下次想去吃那家很有名的義大利麵」，就是在傳遞頗正面的訊息，並且男生多半也會有收到訊息的感覺。

中級班的男生雖然要開口約女生出去需要的勇氣比較少，緊張還是有的。你會挑電影，知道一些餐廳，知道一些兩個人可以做的事情。**對男生來說，中級班要邁向高級班的重點是，讓女生不知道你約她是不是對她有意思**，這種迷惘會讓女生緊張又告訴自己不要緊張，會讓女生矜持又叫自己該放輕鬆，時刻想詮釋解讀你的行為，有時把你當朋友，有時把你當作潛在對象（最好是她把你當作潛在對象，但認為你只把她當朋友），是關係發展的沃土。

要怎麼樣讓女生不知道你對她有沒有意思，很簡單，把邀約的特殊性降低，這可以透過幾個做法達成，都是用來稀釋特殊性的方式。比如你可以增加邀約的次數，三次裡面加一次單獨的邀約，「今天我們要去唱歌，你沒事的話就一起來吧」、「我還沒看過阿湯哥耶，你看過了沒」、「今天突然好想去吃燒肉喔，要不要一起」、「明天我們要去淡水騎腳踏車耶，超青春的，你沒事的話可以一起來啊」。關鍵就是，連那種你覺得她怎麼會答應的約都可以約，而且不要把成敗放在心上。有很多女生會因為拒絕太多次而感到不好意思，最後就會挑一個看起來還可以的約就去了。

再來，你可以稀釋你跟邀約之間的關聯，讓她覺得這根本沒什麼，你們根本不是在約會，你根本沒有意識到這是約會（當然你怎麼可能沒有意識到）。你可以在平時增加單獨相處的機會，至少要能夠常常跟她單獨說話，我以前說過，**能不能約一個女生出來的判準就是，你能不能跟她聊天，能聊就能約**。你當然也可以在談話中就講一下你們出去要幹嘛，要把這件事情講得好簡單的樣子，就像「下次我帶你去那家店，真的很好吃，不好吃我請你」（此時不要約她，話講到這裡就好了，除非她做球給你）。講話的時候要好像你們本來就會單獨出去，不要給自己設限，不要說，「假如你下次時間方便的話，我可以約你去看電影嗎？」那就像是跟女生宣告，我正準備提起勇氣對你做一件事，你接招吧，這會讓女生的雷達豎起來，而那是我們不希望發生的事。

第三，你還可以談你跟別的女生出去的經驗。在女生面前談其他女生不是炫耀也不是自抬身價，所以不是叫你說一些又有女生約你還是倒追你的故事。你可以說，女生的心情好難瞭解啊，上次她跟我說……，我不知道是什麼意思，可以給我一點意見嗎？甚至你可以說，我想約某個女生出去，你覺得這樣安排好嗎？你也可以問她，女生是不是都覺得自己不夠瘦啊，我上次跟我大學同學出去，她明明很瘦了還一直說自己在減肥……之類之類，談論其他女生的好處是，降低女生的戒心，讓她不會提防你，讓她知道你除了她以外還有別的生活，你也會跟其他女生出去，你把她當成你的朋友。

這邊要提醒，不要一開口就談前女友。一般女生會覺得，你跟我講這個幹嘛，你等一下該不會要問我前男友的事吧，我們有這麼熟嗎？前女友通常是已經有交情要開始「談心」的時候才談，或者她對你的感情狀況有興趣才談，但如果她主動問你，你就可以不管你們熟不熟這條規則。

高級班

高級班比較沒有性別之分，男女都可以自然地邀約異性，男生的比例還是高一些，但女生邀約的時候已經不會害羞。男女接受對方邀約時，也比較不會預設立場，總之如果是個可以相處的人，一起相處看看也好。高級班的重點是，可以在當下感知並且調整方向，這有點像是，你今天約了一個你覺得很不錯的女生出去，約的時候沒有抱著追她的念頭，但是出去的時候感覺到她想要跟你多相處一會，你就自然地提出延長約會的方案，最後兩個人半夜才分開，她隔天急著要跟好友說我們昨天竟然怎麼怎麼了。這也會像是，你今天跟他出去，平常兩個人看電影吃飯也都沒事，今天你感覺到他特別有活力蓄勢待發的樣子，因此你言談中適時潑些冷水，把溫度控制在安全的範圍。

Part 4

研究男人的科學和寫給女生的相處練習

男生通常單純，比女生容易討好一萬倍，要做到這些事情並不需要放下身段。

#觀察45

如何判斷男生對你有興趣

暱稱、眼神、肢體接觸……
從小地方就可以看得出他對你的意思。

男生開始對你有點興趣的時候，行為模式都蠻類似的。每次遇到下述這些狀況，我的天線就會豎起來。

1. 你幾年次的？

對你有興趣的男生都想知道你的年紀，或者**假如他要猜你的年紀，對你有興趣的，就會猜你比他小一至兩歲**。從這件事情我發覺男生其實根本不是在猜一個客觀的年紀，男生是用自己當標準衡量女生。如果他對這女生有興趣，就會把這個女生放在他認為適合自己的年紀上，如果他對這個女生沒興趣，就會客觀地猜想她大概畢業幾年，然後去推算。

2.默默把一些形容詞放在你身上

比如「迷糊」、「可愛」、「傻」、「像小孩」。講白一點就是一種與強悍相反的形容詞，他們會看到你需要他們保護、需要他們照顧的地方。講出來可能大家不相信，這四個詞我都聽過男生用來形容我，看看誤會是不是很大（笑）。他們當然也會稱讚你聰明、說你正、還有一些有的沒的，但可以看出來，「迷糊、可愛、傻」都是非常主觀、帶有情感判斷的形容，你瞇著眼睛看一下說這話的男生，簡直就可以看到他背後有騎士披風在隨風搖曳。

3.肢體接觸

男生只要對你有興趣就會想要碰你，或是至少處在容易親近你的位置。比如開玩笑的時候用手指戳你的肩膀，或是從背後叫你的時候去撥你的頭髮。這些動作都非常細微，因為他們也只是有點好感而已，並不是要幹嘛。有些男生會落後女生半步，讓兩個人不是並肩、而是輕微重疊地走。

4.最後一點，眼神交會

男生對你有興趣、或是比有興趣更多的時候，就會想要看著你。本來是在你不注意的時候觀察你，後來會變成想要你也看著他。

另外，我說一個女生觀察不到、但似乎是現在流行的方法。男生對你有興趣就會去搜尋你，然後在你面前展現一下他所握有的你的資訊，我不知道這樣是要表示他很努力瞭解你，還是他在間諜戰中占了上風？

巧妙暗示男生的技巧

#觀察46

放好小台階，
讓他踩上來。

我並非不鼓勵女生去追男生，但女生的追通常臉皮很薄、且絕非單刀直入的那種，甚至其實只是一點小暗示而已。今天我們要談一下，女生可以怎麼樣給男生機會。以下講的都是叫他來曖昧的機會，不是曖昧以後要在一起的機會。

1. 首先，你使用的小名可以有點過分，並且改變的關係要以抬高或拉近對方為主

隨便舉個例，假如對方是同事，你剛好拿出國回來發送的糖果給他，就可以說：「大爺，口味還喜歡嗎？」後面自己發揮。

暱稱或角色扮演很容易推到曖昧上面去，而且躲在別的身分後面，真的可以講出一些很過分的話，比如你可能可以說「小白，下次帶你去散步喔」。（反的邀約，要對方帶你出去玩）

2. 要給對方機會約你出去

這件事情可以拿來判斷對方對你有沒有意思。對你沒意思的人，講兩百遍他也不會約你。做起來很簡單，就提一些你想做但是沒人陪你做的事，讓他接話。甚至我不反對你把這些事情掛在網路暱稱上面讓他看，讓他至少可以知道你對什麼有興趣、可以找你聊什麼，就是放好小台階讓他踩上來囉。

3. 接下來是非常重要但常常被忽略的，小小的關心

每個男孩子都會被女生溫柔的那面打動，那並非是真的非常溫柔、會下廚會打掃房間或是小鳥依人的女生才能做到，而是任何女孩子都能對男孩子做的小小關心。**男生其實多半是之人關心的，你幾乎無法想像男生朋友之間彼此問候「你感冒好點了嗎？」，或是「上次腳扭到有去看醫生嗎？」**除非有人去住院，就比較容易得到探望，但探望的時候他們也只會說「喔，你還沒死啊」之類的。

女生面對喜歡的男生，就是要在關心裡給對方機會，比如「等你病好了，我們就可以去吃冰了」，「最近寫報告好辛苦喔，我來講個自己今天很笨的事情逗你開心」。或者是，讓他幫你做

點小事，表達感謝的程度要超過事情的大小，在他幫忙你的時候表達關心。「不好意思喔，我在熬夜加班還硬要你陪我聊天，害你沒辦法睡覺。」

最有效的方法，當然就是肢體接觸囉。因為是曖昧之前的肢體接觸，我仍然要再三呼籲分寸的重要性。在路上走的時候可以拉一下對方叫他慢一點，開玩笑的時候可以打他的手，伸手幫他翻好掀起來的襯衫領子。不要做太多，不然會有一種邀請男孩子的感覺，接下來發展的速度就會超過你的控制。

#觀察47

搞懂男生想要的溫柔

不是女友也可以做到的溫柔，
就是傾聽，以及在他表達需求之前就主動給予關心。

男生多半是缺乏關心的，今天我們更仔細地談一下，男生想要的溫柔到底是什麼樣子。跟我有一點認識的人都知道，我不是以溫柔著稱的，當然也不是小鳥依人的類型，最近一次人格測驗做出來的結果還是老虎。這件事情告訴我們，真正的溫柔可以擺脫形式，不是叫你要嗲聲嗲氣、行為舉止多有女人味才叫溫柔，這些都是皮毛而已。

今天我們談男生想要的，而且不用當他女友也可以辦到的溫柔，就是傾聽。

不管這個男孩子本來到底是很愛講話還是很木訥，他們都需要聽眾，在男孩子的世界裡，其實他們很少聽彼此講話，除了打屁開玩笑吐槽對方以外，男生很少拿自己的私事（心事、幼稚的夢想）出來講，所以其實也不習慣聽別的男生講這些。

對女生開口的機率雖然比較高，但女生其實通常比男生更會講話、嘰嘰喳喳，而且專愛講芝麻綠豆大的事諸如如何擠粉刺、去哪裡買襪子，他們可能不僅插不上話，連隨便分心一下都會被指責「你怎麼都不聽我講話！」。

是，所以其實**只要你好好地聽完一個男生要講的話，凝視他，不要打斷他，不要把他講的話當作玩笑，聽完以後可以回出有意義的話，這樣就是溫柔了**。你認真要做的時候會發現這有難度，我們很容易打斷別人說的話，搶先回應幫對方下結論，然後對方也不置可否地任你結束或轉移話題，你就又開始講自己的事情了。

我曾經拿著手機聽男生講話聽到睡著，然後醒來他還在講（希望他不要看到這本書然後讀到這邊有點傷心），由此可以發現男孩子真的很有抒發的需要。

我也曾經在百貨公司美食地下街跟男孩子吃飯，他跟我講以前讀書的時候遇過什麼困難，講完以後露出訝異的神色說：「只有你會聽我把話講完，不會打斷我。」（大概我當時很餓顧著吃。）

傾聽的話題不限於心事或私事，有時候男生只是玩線上遊戲破關，非常想要跟人分享他的訣竅而已。對女生來說，聽他講線上遊戲的每個人物有什麼不同的技能，總共有哪些對戰的場景，這當中需要考慮的因素有哪些，最後他如何在多麼不利的情況下打敗大魔王等，簡直就是無聊到不行。所以你到底要不要聽呢？我的建議是，只要你感受到他想要說話的衝動的時候，就可以靜

靜地聽他說。（時時刻刻都想發表高論的男人則不在此限）

傾聽的溫柔有難度在，不過最好也不要一直無條件當別人的聽眾。我們可以說，傾聽是你想對這個男生好的方法，那你到底要對這個男生多好就見仁見智。

我不得不承認我有時候心裡在想別的事情，不過大體上都很誠懇。與傾聽相關的，包括鼓勵他，認真對待他的目標（就算只是線上遊戲破關這個等級），後面這兩者比較屬於你有喜歡對方的時候。你要觀察他什麼時候看起來像玩笑但其實有點認真，察覺到風頭以後就不能再取笑他了。

入門與進階的分別是：為什麼男生會選擇對你而不是對其他人講？其實傾聽歸傾聽，態度不要太嚴肅。**目標是讓男孩子可以輕鬆地把話講出來。**讓他不用擔心這些話對你會造成壓力，也不用擔心他說出來你完全不當一回事。

我們談的這種男生想要的溫柔，都是就算你不是他女友、你沒有喜歡上他還是可以做，是只要你想對這個男生好就可以做。

接下來，我們要講「關心」。前面我們有提到男生不太習慣彼此傾聽，他們多半也缺乏關心。**不僅缺乏關心，他們就算想要別人關心也很少說出口。**所以男生想要的溫柔，其實不是你在他生病、失意、跟你訴苦的時候才去關心他，而是在他表達出來之前就關心他，甚至是什麼事也沒發生的時候。他沒跌倒、沒生病、沒發生什麼事情就要關心他嗎？對，我們來談一下這到底是什麼關心法。

為什麼要提早表達你的關心呢？因為男生想要不用求就得到關心，他們想要維持住表面好好的樣子同時得到關心。他其實沒那麼喜歡自己不好的樣子被看到，不管是心理還是生理上，也就是在他狀況不好的時候，他意識到自己的處境勝過意識到你在對他好；但如果他好好的沒怎麼樣時你也關心他，他就會立刻意識到「這個女孩子在關心我，而且我不需要表現出我的脆弱（所以我可以大方接受）」。更進一步說，他會意識到，**你不是因為他生病才關心他，你是因為是他這個人而關心他。**

舉個例，比方說下雨天男生常常不愛撐傘，而且表現出淋雨也不會怎麼樣的態度。但下雨的時候你還是可以問他有沒有帶傘，要不要跟你一起撐，要不要你借他傘。「還是不要淋雨比較好啦，真的很容易生病啊。」話中不要帶有「因為是你」的氣氛，是不是「因為是你」要看他自己的詮釋。

工作上男生也不一定會說自己很辛苦，他們可能會抱怨老闆同事客戶，但不一定會表現出「我需要有人拍我的頭跟我說我好辛苦」的態度。你要自己找到一個角度說話，「我覺得這樣在老闆和客戶之間周旋應該很辛苦耶，你不要工作得太累對自己要求那麼高。」

如果你喜歡他，溫柔很容易帶點曖昧，但平常我會把溫柔放在玩笑之下。「撐一下傘又不會怎麼樣，趕快拿去啦。」或是「你這樣也太忙了吧，現在是不是該去睡覺啦。」你的關心要表現得像是你覺得事情本來就是這樣，而不是因為他哪裡表現出不好的樣子你才關心他，讓他不會害羞不好意思接受關心，有些彆扭的男孩還會因為這樣偏要表現出不需要的樣子。你能省去他彆扭的這段，才是他想要的溫柔。

入門和進階的分隔線是，不要用太高的角度說話，不要輕易變成媽媽或姊姊。雖然這樣講有點抽象，不過這種溫柔要像是出自於「早熟而慧黠的小妹妹」。小妹妹的意思就是關心他的同時試著帶點仰角（不是俯角）。我知道有些男生是媽寶，有些女生也愛當媽，不過在確定你們是這樣的組合之前還是先不要自行角色設定。

#觀察48

勾引的關鍵字

勾引是一種成事的方法，
不成就難堪些。

要先說我不認為勾引是一個好方法，也沒有鼓勵女生們這樣做。這只是成事的方法之一，不成的時候就很難堪。

男人真的是蠻單純的，他們遇到喜歡的女生就會想要碰她。請注意我說的是「想」，有沒有真的碰是另外一回事，男生遇到真的很喜歡的女生的時候，反而能發揮無窮的忍耐力（請參考漫畫《功夫旋風兒》功太郎在麻由美生病的時候的自制之拳）。另外也有遇到喜歡的女生膽子就變很小的時候。

不過今天要講的完全不是這些，我要說的是有時候這個論點可以顛倒來用。也就是當男生兵臨城下的時候，你跟他要什麼他都答應。這就是歷史上會出現妲己這種女性典型的原因，所以這就是勾引。

勾引是兩個人非常非常曖昧，曖昧到不行，曖昧到共處一室衣服都要脫了的時候，女生突然正色說：「我不能跟男友以外的人做愛。」已經昏了頭的男生此時立刻回答：「那我當你男友！」（都不知道是哪邊的頭在回答）

不要笑，我至少聽過兩個男生跟我說他們就是這樣成為別人男友的。因為想要得到眼前的東西（做愛），忘記其實代價（當男友）很高，讓男生憑著一股「那當你男友就可以做愛了」的氣勢，女生得到了名分。這樣開始的戀愛會不會不好？其實也難講，有時候男生是比女生龜毛，也可能他們正在幾個約會對象中選擇，你讓他衝動了，也是幫他做決定。而且多半發展到這個階段都是互有好感的，真的怕你纏上來的不會理你。「就怕這不是一夜情。」一位自制力甚高的男士對我發表這樣的看法。

純愛一點的勾引有個關鍵字叫睡覺。女生會在男生面前睏，喝了酒很睏，玩太累很睏，聊天聊到太晚很睏，總而言之女生會在男生面前說她想睡覺。基本上呈現無抵抗力的姿態就是一種勾引，後面的發展也不難想像。可能男生情不自禁親了上去，女生「驚」醒責備他，男生就表示喜歡她要跟她在一起。也有在女生將睡未睡、男生內心天人交戰的時候，女孩子還要丟出這句：「你在想什麼？」「我在想要不要親你。」

比較誇張的是女生驚醒時男生已經整個人都趴在她上面，後來男生有意要交往，不過女生不肯，兩個人莫名其妙變成炮友。也有男生謹守分際，整晚一個在房間一個在沙發上胡思亂想，隔天醒來福至心靈就在一起了。

最好笑的案例應該是男生毫無意願，女生先說睏了借他房間睡覺，然後又走出來問睡沙發會不會冷可以進房間，結果男生毫無所覺地回答：「不會啊，我想在客廳看一下籃球轉播，你去睡吧。」

#觀察49

做自己的溫情主義

先有自己才能做自己。

為喜歡的人改變、學習新的情感方式，你當然都還是你自己。

我發現很多書和人都在鼓勵女生「做自己」、「愛自己」、「疼自己」，到底是很多女生真的不會做自己，還是這又是一樁溫情主義的表現？

以下討論的專指和感情有關的「自己」。

做自己只是個溫情主義陷阱。她們可以跟六十公斤的女生說你不胖，你做自己就會有人欣賞你。但她們可以問心無愧跟一百公斤的女生說同樣的話嗎？

她們會批評整型化濃妝的女生，說她們不是在做自己，但假如是顏面傷殘的人呢？她們可以整型嗎？還是她們應該「做自己」？

她們會跟姊妹說，你不用順著他，你要做自己，但如果是嬌縱的女生，她們也會叫她要做自己嗎？這些人，這些叫你要做自己的人，她們只是在奉行溫情主義，因為這些話政治正確又非常好聽。

差別在哪？

我有一個很簡單的檢驗方式，你把性別換成男生再重新看一下：如果男生為了心愛的女生減肥，他就不是在做自己嗎？

如果男生為了更有女人緣學穿搭，他們就不是在做自己嗎？如果男友犧牲打電玩的時間陪女友逛街，他就不是在做自己嗎？溫情主義者會說這些男生是新好男人，同時又堅持女生應該「做自己」。換句話說，上面這些行為，都是有條件而且有性別導向的。她們只是覺得你不夠胖到要減肥、不夠醜到要整型、不夠差勁到要改脾氣，想要幫你建立自信心而已。

做自己的溫情主義最恐怖的地方是，它讓女生覺得，喔我好棒，有一個人在那裡等著要欣賞我的一切。然後？所以只要有任何一個人喜歡你，你就接受他？只要有人不嫌你胖，你就跟他交往，只要有人願意看你素顏你就跟他交往，只要有人願意忍受你的脾氣你就跟他交往？如果上述答案是YES，請不用往下看。這種做自己忽略了三件事：

一，那遇到你喜歡的那個怎麼辦？

你要做自己，還是要讓他喜歡你？這並不表示你得不是你自己，他才會喜歡你，而是我們不一定有那麼幸運，喜歡的人都喜歡我們，有時候我們會做些事情讓他們喜歡我們，我們會去瞭解對方的喜好，開啟話題，「為他成為一個更好的人」這樣就不是做自己嗎？我不認為。

我說白一點，你知道市場喜歡什麼，你可以選擇你的市場大小。當然可以小到只限於你看中的那個，但你也還是要設法讓他喜歡你。

二，做自己其實包括了改善和學習

這種溫情主義，讓女生覺得我本來就夠好了，我不用做任何改變。其實，誰天生就夠好啊，你天生就會讀書識字嗎？自己是一個不斷發展的混沌，你的腦袋、價值觀、外表、心理狀態、都會不斷改變，我不知道缺少了改善跟學習的「自己」會有多好？

如果你有天去學英文，會覺得不是在做自己嗎？不會嘛。那為什麼去整型的人就不是做自己？只因為你改善的是語言能力，她改善的是眼睛大小，如果她今天是動近視雷射手術呢？

三，你本來就沒有「自己」

假如你有「自己」，你的自己不會因為一些小東西就改變，也就是說，不會因為你喜歡穿褲子，今天要你穿裙子你就不是做自己；你不化妝，今天要你化妝你就不是做自己；你不愛做家事，因為嫁入婆家要學會做菜就不是做自己。如果你這樣就覺得不是自己，那你的「自己」完全經不起考驗，你的自己只建立在物跟外表上，你的聰明、理性、自信都不知道在哪，而且你的學習曲線很低。（不過女生的自己有很大一部分確實建立在物跟外表上，我們之後再討論。）

曾經有一次男生朋友說他喜歡成熟的打扮，我開玩笑說我知道了，以後跟你出門我都穿很成熟，低胸窄裙。他說不用為了我這麼麻煩。我說一點都不麻煩啊，只是從衣櫃把衣服拿出來而已。

難道我今天穿低胸就不是在做自己嗎？不會，我的自己跟我穿什麼無關，穿對方喜歡的衣服對我來說只是舉手之勞。

結論：好啦，其實我可以接受有人不會做自己，因為她們根本沒有自己，也不用怪男生。如果週末男友出差你就沒事做，你不運動，你不看書，你沒有興趣跟嗜好，你沒有夢想，沒有想做的事情，沒有男友的時候你才找朋友，你無法獨處，那你當然沒有自己啊，要怎麼做？

所以，**在被溫情主義洗腦之前，我建議你先去有自己，知道在感情上學習，為喜歡的人努力都不是「不做自己」，減肥整型化妝也都不是「不做自己」，除非你本來就沒有自己。**自我很薄弱的那些人，做任何事都好像要她的命，都不是她自己。如果你只肯保留懶惰、貪吃、肥胖、不體貼、任性的自己，然後希望這世界上有一個白馬王子會愛你的全部，也可以，這還是你的選擇。

#觀察50

女生的自信

外表的重要性在於幫你建立自信心，不用向模特兒或明星看齊，你只要喜歡自己、也讓喜歡的人喜歡你就足夠。

來談談戀愛幾乎不可能避開的因素：外表。

我很喜歡《醜女大翻身》這部電影，每次電視上播都會停下來看一下（跟看到《威龍闖天關》差不多）。先給沒看過這部電影的人一點簡介：女主角本來是個大胖子，工作是替女明星幕後代唱。她本來暗戀唱片製作人，但經歷一次極端羞辱的事件後，拋棄了自己的過去（她的狗、爸爸、朋友），整型成大美女，後來意外被當初暗戀的製作人相中成為歌壇新星。她的愛情會不會開花結果？

我常叫女生或害羞的人要有自信。很難否認，這個社會上女生的自信心很大一部分建立在外表上，就像男生會建立在經濟能力上。女生的自信和外表的關連性強。因為「人正真好」，正妹受到的待遇不同，因為有人喜歡你，你更容易喜歡自己，從回饋當中認為自己值得被喜愛。醜小鴨則常認為被愛很難得。就算是很聰明的女生、很能幹的女生、很開朗的女生，都可能因為外表而在戀愛中缺乏自信。

用《醜女大作戰》來開頭，不是鼓勵大家去整型。接下來我要講的話有點像心靈成長書，不過**我是真心這麼認為，吸引力的關鍵在自信，外表不是絕對的**，也就是說雖然關連性強，但青菜蘿蔔各有所好，你不用達成某個客觀絕對的標準。

我從小就是胖子，小學體重就破五十，國中將近六十，高中大學超過六十後就沒有繼續量。但一直都有人喜歡我，我喜歡上一個男生的時候，會努力讓他喜歡我，而且認為自己值得他喜歡。對，外表從來就沒有不重要，我也一直跟女生呼籲，不要放棄自己的外表，但外表的重要性在於幫你建立自信心，也就是說你得喜歡自己的外表才行。我們不是要去追求模特兒那麼瘦，明星那麼會打扮，那是她們的工作和職業要求，我們只是要喜歡自己而已。

在《醜女大作戰》裡，女主角困在她的外表裡，不敢跟喜歡的人表白，也認為這世界上沒有人會喜歡她。變漂亮以後她的人生改變了，她建立起自信，自信到想跟暗戀的製作人表白，說自己是從前那個很會唱歌的胖子，她相信製作人會敞開心胸。

女孩們，你們需要的也是自信，自信散發出來的美麗，是不管幾歲都會發亮的美麗。假如飲食控制、運動、穿衣、化妝、甚至整型，可以讓你更喜歡自己，我看不出來有什麼不行。而且說實在的，女生對自己的標準比男生看女生的標準嚴苛太多了，女生每天計較幾百克，計較腿的形狀、肚子的凹凸、胸部的線條，男生只覺得肉肉的也蠻好抱。

大多數女生，包括我在內，我們都是正常人，可能不會成為萬人迷，但也沒有什麼好不被喜歡的。我們一樣為減肥所苦，冬天就會變胖，曬太陽就會變黑，總是對什麼部位不滿意。我們還是可以喜歡這樣的自己。你先喜歡自己，別人也會更容易喜歡你，這是真的。

寫這篇我很害怕遇到極端主義者。我不是在說女生的幸福可以用外表來衡量，我也不是在說就算你是如花都有白馬王子準備愛你。我是在說，你得對自己有自信，而外表也包括在自信的項目裡，且戀愛本來也就得喜歡對方的外表。

美醜胖瘦雖然可能和喜歡你的人數多寡有相關，但我們又不是要當藝人，只要喜歡的那個人也喜歡我們就好了，這沒有你想像的困難。我給大家的建議是，喜歡你的外表，同時也為它努力。電影最後，女主角拾回自己的過去。我們希望別人喜歡我們的外表，也喜歡我們其他地方。

#觀察51

寫給害羞人的「主動」要訣

主動不是跟在他後面、不是追他，
也不一定是對他百依百順，而是做會讓他喜歡你的事。

這篇文章是要寫給比較害羞，也就是比較沒有勇氣，容易覺得丟臉，容易想太多，很怕被拒絕的人。雖然以女生居多，不過現在好像也有很多草食男，怕失敗的男生也很多（這就是絕對不會拒絕人的等身比例充氣娃娃流行的原因嗎？）

不過我們今天只談概念。我要先跟大家說，主動不單指主動邀約，當然主動邀約也包含在其中。主動的層次很多，大體上就是想發展關係的意願和行為，不一定是男女朋友，朋友也是。關係的一開始，比如我主動對這個人產生好奇，我想瞭解他，我想和他談話，我想花點時間和他相處。

若後來喜歡上對方，主動就變成我想常常和他在一起，我想單獨和他在一起，我想要他喜歡我。

對，主動的概念就是「我想要他喜歡我」，相應的行為是「我設法讓他喜歡我」。

假如邀約他可以讓他喜歡我，我就會去邀約他。假如打電話給他可以讓他喜歡我，我就會打電話給他，但重點還是讓他喜歡我。**主動不是跟在他後面，不是追他，不是告白，也不一定是對他百依百順，而是「我怎麼做他才會喜歡我」**。有時候他喜歡女生對他百依百順，有時候女生頤指氣使男生反而覺得很有魅力。

所以我給女生的首要建議就是去想「我怎麼做他才會喜歡我」，而不是「我要做什麼才能跟他在一起」。有時男生很快進入邀約、密集邀約、告白、聽候判決的流程，就是因為他沒有在思考要怎麼做女生才會喜歡他，而只是想著要怎麼做才能跟她在一起，或是怎麼做她才會明白自己的心意。其實，她明不明白重要嗎？當然不會比她是不是喜歡你重要。

#觀察52

Make him envy，踰矩的使用情境

踰矩是一種試探，假如他接受了就不叫踰矩，叫心照不宣，
曖昧就從這裡開始越演越烈。

在實際進入方法之前我們要先講兩個大原則。**第一個原則就是觀察**，你要觀察男生的喜好。他喜歡女生會做菜，還是喜歡女生會打扮？喜歡女生愛看書，還是喜歡女生會大吃大喝？最好是一些實際的事情，你馬上可以做，也不會太扭曲你的個性。假如你是酒鬼，結果你喜歡的男生滴酒不沾，你們兩個可能就有無法化解的歧見。

觀察完喜好後，第二個原則就是要讓他知道，做你男朋友有哪裡好。讓他會羨慕到想要改變關係，分寸在於不能給太多，你看《料理東西軍》就知道，試吃時間都只有一點點而已，要讓他想要多吃一點才會把票投給你這邊，你整碗飯都端上來了，那他還不吃乾抹淨換去吃別邊？

以下方法比較適用在有一點曖昧的情況，就是你丟一句，他若有回應，你就可以再丟一句，如果他沒陪你玩就是沒有曖昧。

1.告訴他你會對男友做什麼

比如他喜歡女生做菜，你可以表現出對烹飪很有熱情的樣子，跟他說你昨天晚上在家自製甜點大成功，但都給家人吃了。你不一定要做給他吃，但要讓他想要吃。他若開口說想吃你做的菜你就成功一半。言語是一件可以很過分的工具，比如他生病很久你就可以開玩笑地說：「怎麼還不趕快好起來，是要我煮稀飯給你吃或帶你去看病嗎？」（等他真的要吃再去學還來得及）如果你們聊到跟男女朋友有關的話題，你可以參照他的喜好，說你喜歡跟男友一起下廚，你喜歡跟男友一起到戶外踏青，跟男友一起泡在咖啡廳看書不發一語。

你也可以就實際面來說當你男友的好處，說你喜歡整齊喜歡幫別人打掃房間（適用於懶惰的男生），或者喜歡計畫旅遊行程喜歡帶著別人跑（適用於喜歡旅行但不喜歡計畫的）。

當然你不要假裝成不是自己的那個人，不然成事以後也很難熬。

如果你們已經有點曖昧了，你要告訴他你喜歡男友對你做什麼。比如你喜歡男友帶你去看夕陽，喜歡他帶你去吃冰淇淋，喜歡他在你傷心的時候逗你笑。或者你也可以喊你好累想要有人幫你捏捏肩膀，帶你去吃大餐。

2.適度開玩笑地表現一些踰矩的情緒，比如撒嬌、關心、發脾氣或吃醋

如果你們不太曖昧，那比較適合撒嬌或關心，如果你們蠻曖昧的話就可以進階到發脾氣或吃醋。要提醒大家，假如你真的吃醋或發脾氣了就不能開這種玩笑，心眼比較小的女生就不適合。

比如你跟他講一件不開心的事情，或者他取笑你一下，你可以說「厚，你都不哄我」（撒嬌），或者你鬧他說你生氣了，然後他隨便應付你一下的話，你可以回「好啦，我不生氣了，我好好哄」（說自己的優點）。

踰矩是一種試探，假如他接受了就不叫踰矩，叫心照不宣，曖昧就從這裡開始越演越烈。比如你說生理期不舒服，晚上可能會喝醉酒，他是嘴巴上關心你還是會說他要送東西給你吃或接你回家？如果他說要來接你，你還可以進一步說外面好冷又下雨，你捨不得他出門。

這兩個方法都是讓男孩子去想像兩個人實際交往的情形。我們回到《料理東西軍》，刺激他想像食物的美味，不能一開始就餵飽他。

#觀察53

迷人的要點

迷人不是正妹的專利。

找到你性格或習慣上可愛的小地方，然後放大它們，每個女生都會變得迷人。

今天我們要講一些讓女孩子可以更迷人的小動作。當然你若穿得很辣，露出一雙長腿，或大方展現事業線也可以勾住男生的視線，但有一些小動作是男生搞不清楚為什麼就會對你特別有印象，覺得你很可愛，也就是今天的主題：迷人。

首先釐清一下，這種迷人並不限於對你喜歡的男生才能做，就像我們一般講的迷人其實是這個女生散發出來的感覺，並不是她去迷特定的男生，只是對喜歡的男生比較積極而已。假如這不是你的習慣的話，明天就開始對喜歡的男生試試看吧！

1. 叫他的名字

我屢次談過名字的力量，追求、曖昧、撒嬌中很大一部分可能都繞著名字打轉。建議你跟**男生講話的時候先叫他的名字，叫了之後等他應了，再接下去要說的話。**

一般的情況可能是：

女：「耶，凱文中午要吃什麼？」

凱：「不知道耶，不然去麥當勞好了。」

你可以試試看——

女：「耶，凱文。」（等他轉過來看你或應你）

凱：「嗯？」

女：「你中午想吃什麼？」

凱：「嗯，我想一想喔，不然吃麥當勞？」

有差別嗎？嗯，真的有差。固定地叫他的名字，讓他知道你都有好好地叫他的名字，其實會給人你重視他的感覺（就算他自己都沒察覺）。**加強版是走去他座位扶他椅背，然後叫他的名字，或走到他面前等他抬頭的時候再叫他的名字**（這邊已經有可能發展成曖昧囉）。另外，假如是面對喜歡的男生，可以試著稍微放慢一點、溫柔地叫他的名字。

記得要叫他的名字，假如大家平常叫他其他的名字，比如黃大哥、小陳還是胖子，你更可以若無其事地叫他本名，越少人叫效果越好。

2. 看著他的眼睛笑

有些女生會不習慣看男生的眼睛，而就算是會看男生眼睛講話的女生，也不會做這件事。不管是你跟他兩個人講話也好，是好幾個人在一起閒聊也可以，講到好笑的地方就可以看著他的眼睛笑。

不要以為這件事做起來很怪，其實非常自然，效果很強的那種就叫作放電。

這邊我要講清楚一點，就是說對你喜歡的男生，想要他喜歡你的時候，做這件事的頻率可以提高，那就叫作放電沒錯。一般的情況下，不用每次談話都看著他笑，只要知道可以這樣做就好了。

看著對方的眼睛笑可以建立起兩人對同件事物有默契的感覺，對同樣的事物感動發笑，看著他的眼睛笑就能夠表現你們對同樣的事物有同樣感受。再次重申：不是只能對你喜歡的男生做，這是一種普遍性的行為，讓男生覺得你蠻可愛的動作，遇到喜歡的男生就可以專心做個幾次。

我要先釐清一個觀念，迷人不是正妹的專利。我當然知道正妹很好，她們做什麼都能吸引男生，東施效顰就是人正真好的反面。我們之前談過女生要有自信，女生要瞭解自己的優缺點，你要付出多少努力變正，或是你想不想變正，都是你的選擇（我也不談美妝和穿搭）。今天要談的東西，不是要你假裝成別人，你可以先思考你的個性和我講的有沒有吻合的地方，把適合你個性的部分放大，就會變得更迷人。

3. 甜美的微笑

所謂的甜美，不是要你做粉紅色小女孩打扮，也不是裝可愛。甜美是一種態度，我們之前提過要看著對方的眼睛笑，這是讓對方感受到你在對他笑的第一件事。甜美的笑和聽到笑話開懷大笑不一樣，建議女生把這包含在招呼裡面。

舉例來說，平常你們會這樣，男：「早。」女：「早。」

你可以練習，男：「早。」（先看著他微笑一下，把這想成是先用微笑打招呼，然後才說話）女：「早，大雄。」（還可以加上名字）

你要主動開始也可以，平常在學校或公司如果有機會和他遇到，要先微笑才打招呼。例如，女：「（微笑）新年快樂。」其實各種節日都很方便拿來當話頭。如果對方來找你講話，練習不要馬上問「幹嘛？」「有什麼事？」把這些句子包在微笑裡，讓他覺得你很歡迎他來跟你說話。比如我有興趣的男生來找我說話，男：「喂，大魔王。」我：「嗯？（語調上揚，微笑）找我啊？」有些女生露牙齒笑比較可愛，有些女生不露牙齒笑比較可愛，可以去鏡子前面練習看看。

4. 害羞

雖然開朗的女生很好相處，但有時候開朗到一個程度就變得很像哥兒們。有些女生你看她平常也是很開朗的樣子，但就不會變成男生眼中的哥兒們，男生還是會對她動心，把她當女孩子看，為什麼？適度的害羞，就是讓你多點女孩子氣。再次提醒，我不是要你假裝成別人，你若不害羞的事情就不用裝作害羞，那是做作。只是告訴你，若是遇到害羞的事情，女生害羞的情狀通常男生會覺得可愛。

具體的表現包括：害羞的笑容（可以接回上一項），害羞的時候托腮，遮住半邊臉（怎麼又想到喬巴），甚至直接說出「這樣我會害羞」。所以下次你害羞的時候，不用急著跑走。有些女生害羞的時候會擺臭臉或是刻意講反話，也是可惜了。

遇到別人稱讚你的時候，要怎麼回答呢？大方點的女生可以直接說謝謝。女生常常會回：「哪有！」「還好吧！」、「我沒刻意打扮啊！」更彆扭一點的會說：「你幹嘛，有求於我啊！」或是沉默，當作沒聽到然後轉移話題，其實都是害羞，但這些表現就不太可愛，如果你是露出害羞的微笑，托著臉說：「是喔，好高興喔。」這樣就很可愛。

#觀察54

隨意約會要訣，Ask him out

隨意約會的好處就是不要讓他覺得你喜歡他，也不要讓他有壓力，甚至他不會注意到你是在約他，只是自然地增加你們相處的時間。

終於要講怎麼約男孩子了。我喜歡過很多男孩子，敏銳的那些都說我的喜歡再明顯不過，其他的則會說從來都不知道我有沒有喜歡他。

今天不是要講跟男孩子約會，而是約他出去，不是正式的約會，只是單獨相處而已，想成「讓我可以多瞭解這個我感興趣的男生」的方法就很好理解。你還沒喜歡他，當然不要讓他覺得你喜歡他。你只是想要多觀察他，當然背後也帶著讓他知道你是誰的意圖。

我同樣也建議男生這樣約女生，不過女生的戒心比較高。

1.買一送一

找人湊買一送一還算是個好理由，買星巴克、買茶、買點心什麼的。重點就是你的態度是請他幫你這個忙，因為你找不到人陪你喝咖啡。熟一點的話，還可以說這東西太大份你一個人吃不完，問他願不願意跟你分一半。或是說你怕胖，找人幫你分擔一點熱量。對象是公司同事或學校同學的話，可以直接問他要不要跟你一起吃飯。

2.請他陪你買東西

當然不是叫他陪你逛街，而是比如共同的朋友生日到了，你可以找他商量要買什麼禮物，請他給你一點建議，然後再問他要不要一起合送。也可以請他陪你買他很懂的東西，比如買他專業領域的書，愛打扮的就買衣服，愛設計的就買飾品，愛喝酒的就買紅酒，廚師可以買廚具。

當然這已經比前一項刻意一點，也是要有點交情再開口比較好。

3.偶爾跟對方搭到一樣的下班時間

偶爾中午下午下班遇到，問一下他要幹嘛，要吃飯要閒晃還是要去買東西，就說你剛好也想吃飯（閒晃或買東西）。就算啥都沒有只是一起走到捷運站都很好，把握單獨講話的時間，講點工作以外的事情，或工作上發生的笑話，培養一點私交。

提醒一下，如果是約他出去的話，剛開始不要說你要「陪他」幹嘛，陪他做點什麼是之後才說的話，男生對你自願「陪他」做雜事都會認為是好感的表現，不想發展太快就不要講出這個字。

在隨意約他的階段，可以看看他是不是會累積對你的瞭解，是不是會對你的生活作息有點概念，知道你大概什麼時候有空，什麼時候下班，喜歡什麼活動，喜歡看什麼書。我不會說他這樣就是喜歡你，但至少他對你的印象有景深，這是好事。假如他有點喜歡你，你約他幾次以後他應該就會嘗試來約你，或至少跟你有其他聯絡，比如他會在平常以外的時間跟你講話，他會跟你開玩笑，會抱怨一些事情。

在隨意邀約這個領域裡面，我不會約看電影，也不會約週五晚餐、週六早午餐和晚餐。這些時間我判斷就是約會。我想每個人標準不同，也有些人全日開放吧。隨意邀約比約會的門檻低，也就是說，假如你連隨意邀約都約不成，還要去約週末就是很呆。這點男女通用。

#觀察55

「陪」的使用情境

陪他是一種暗示，你陪他做的事情讓你自己越無聊，暗示的好感程度就越高。

前面提醒過女生，不要很快說要「陪」男生做什麼，男生會把這項提議當作是好感的表現，後面發展會很快。反過來說，只要你說要「陪」他幹嘛，就是給他近乎明示的暗示囉。

今天要談可以陪他幹嘛，基本上暗示的強度和你陪的事情的無聊程度成正比，也就是說你陪他做的事情讓你自己越無聊（你越沒事做，你需要陪的時間越長），你暗示的好感程度就越高。

比如說買飲料跟吃飯好了，他要吃你也要吃，這樣就不是陪，算一般朋友。他要去買，你說「是喔，那我也跟你一起去買好了」，這樣就有一點「跟路」（台語），這不是曖昧，只是有交情。如果你說，好啊，我陪你去，表示兩個人蠻要好的，有沒有曖昧要看當下的語氣。但如果你說「我沒有要吃，但是我可以陪你去買」，這樣就是有點什麼了，看得出來差別嗎？

男生約你時，你也可以從回答讓他知道你對他好，你回他說好啊一起吃吧，他不會馬上開始胡思亂想；你若回答，好啊，你要我陪你吃嗎？他就會認為你在對他好。假如你說要陪他，結果他馬上回「不用麻煩啦，如果你沒有要買飲料，我自己去就好了」，你也應該知道是什麼意思。

以前，有幾次跟一位男同事一起下班，結果有天我要加班，他下班時看到我還在位置上，就打分機給我：「你要我等你嗎？」我楞了一下，突然明白他以為我們兩個有一起下班的默契，只好馬上打槍：「為什麼要等？」

另外，前文有提到你可以約感興趣的男生陪你做些事情，但不要大喇喇地使用「陪」這個字。因為這件事情反過來也是成立的，如果你要一個男生陪你幹嘛，視情況口吻的不同也是好感的表現。比如工作的時候，你下班了但是問他「有沒有什麼要幫忙的啊」這樣就很同事。如果是他要下班，你說「等我一下啦我快好了，要不要一起吃飯」這樣算有交情的朋友。如果你丟他LINE說「喔開會好無聊」，跟你說「我好無聊陪我聊天啦」的感覺就些微不同。

暗示性很強的「陪」，舉個例，陪打麻將就是會讓男生瞪大眼睛的事情。因為麻將常常一打就是一天，你在旁邊看他也不會跟你講話，你只能幫忙泡茶倒飲料買便當，有時候會看電視看到睡著。這麼無聊的事情你都做，只是為了待在他身邊，簡直就是自願要當女友的意思。

結論是「陪」和「等」都是夾帶個人化和情感的字眼，你可以很爽朗地使用，也可以撒嬌地用。還沒在一起，甚至還沒開始曖昧的時候，很爽朗地撒嬌，我覺得對男生還蠻受用的，這就是入門和進階的差別。

#觀察56

撒嬌

撒嬌其實只要戳到對方就好了，比較像玩捉迷藏，有時候刻意製造出一點聲響讓他來找你，但我們自己不要這麼快就當鬼。

鑒於有些女生令人吃驚地不會撒嬌，或是不屑撒嬌，趁還可以用的時候，真的可以學一下。對於某些僅懂得形式上撒嬌的女生，你們的做法很快會令人生厭。

首先我要排除形式上的撒嬌，最簡單的例子就是娃娃音。當然不是說你以後要用低沉的聲音撒嬌，只是說這完全不是撒嬌的重點。然後假如老了就不要逞強了。另外是被我稱為無能的撒嬌，「我不知道怎麼回家」、「我打不開汽水罐」、「我不會繫安全帶」之類的。主要是因為這些我都會所以說不出口，但這類撒嬌相信也可以滿足某些男人的英雄欲望。（什麼！只要會開易開罐就可以當英雄了嗎？對。）

另外我也不談女友對男友的撒嬌，這創意可以自己去發揮，不管是肉麻還是情色的。我們要談的是，怎麼樣用撒嬌建立男孩子的好感。最要緊的是不要過火，不然男生可能會自以為是你男朋友就撲上去了，所以請不要說出「我今天不想回家」這種話，另外我也不建議不勝酒力這種招，除非你就是想要他。

我要說的撒嬌其實只要戳到對方就好了，比較像玩捉迷藏，你有時候刻意製造出一點聲響讓他來找你，但我們自己不要這麼快就當鬼。**會撒嬌有什麼好處？最大的好處，當然就是捏住那條介於朋友和曖昧之間的線，你可以選擇要當朋友還是當更多一點。**請注意，是朋友和曖昧，不是曖昧和男女朋友，所以分寸非常重要！

我的朋友L剛認識一個小她兩歲、有一點彆扭的男孩子，那天他們因公一起開車出門時，她想稍微主動一點，便說：「你要我的手機嗎？」殊不知，男孩子立刻說：「我為什麼要你的手機？」帶著促狹的眼神。明明知道男生也對你有好感、你也不想把氣氛弄僵回答一個「不要就不要啊」的時候，女孩子該回答什麼？

那天回家，L立刻打了電話來描述整個過程，她說：「我當時心裡一直在想你會怎麼回答。」事實是兩個人尷尬了一下也還是沒有成功交換手機。我大笑起來說：「這還不簡單，你就回他『**幹嘛這樣～**』就好了」。

其實撒嬌這件事情，要捏在朋友跟曖昧中間需要一點技術，從寬鬆的角度來說，只是讓你跟男生的相處更容易而已，並不是一定要把關係推到哪裡去。所以其實這種撒嬌適用於所有你認識而沒有惡感的男生，也因此我更加強調分寸的重要性。除非你就是想要大家都覺得你對他們有意思，話說連我自己也不是一開始就熟悉這尺度的。

首先只建議做兩件事。**第一，要求一些東西**。誠如前述無能的撒嬌，讓對方幫你做些舉手之勞的事情，但由於本人不善無能的撒嬌，更好的建議是你覺得只有對方能做的舉手之勞。舉例，請對方教你他擅長的事情，請對方給你關於某個小困擾的建議。他做對這些事你不要忘記讚美他（偷引用自夏宇）。

第二，幫對方取個小名，只要高興就隨便稱呼對方，有時候把他抬高一點，有時候把他拉近一點，有時候把自己說成是他的。甚至我覺得不固定更好，一固定有時候就像承諾，隨便在名字後面加上語助詞或字尾，我自己愛用的是「兒」跟「寶貝」。（這時候可能很多人心中浮現我這樣叫他們的場景）

舉個例子，上次朋友提起她現在有去學校附設的游泳池游泳的習慣，月票分成每週可用兩天跟每天都可用的規格。雖然她買的是兩天份，不過救生員有天跟她說，其實人不多所以她可以每天都去，唯一的問題是其他天使用的時候會沒有保險。

聽到這個條件，她當下不知道要回答什麼。當然可以簡短地說謝謝，不過，我笑著說：「你就跟他說：『你不是會來救我嗎？』」

這句反問同時符合了「要求一些東西（其實根本是救生員的責任）」與「任意改變關係（好像他特地來救你）」兩個條件。**在一般談話中，其實撒嬌可以避開衝突、化解尷尬、維持輕鬆。**

特別是反問句，因為沒有結論，有沒有暗示也自由心證，所以特別好用，我建議女孩子熟悉反問這個句型。另外，從這個實例可以看出來，廣泛地撒嬌（不固定對象、沒有特殊關係）通常需要一點胡扯的能耐，總而言之不需要太認真。

反問句就是這樣，你要把球再丟回去，反問的同時好像有回答什麼，但其實什麼也沒有回答。他若自覺接收到什麼，全然是出於他的想像。話要點到為止，說出你可以理直氣壯、好像什麼也不知道的無辜內容，把詮釋的工作交給對方。不過最後這邊比較有難度。

再舉個例子。K和比她小幾個月的男生一起吃飯，席間男生取笑她說，既然大幾個月應該叫K姊囉。K問我要怎麼回答，「這不就是還是用**『幹嘛這樣～』**就好了。」可見這四字箴言有多好用。不過為了多點選擇，你也可以回答：**「厚～我生氣了。」**（語氣同「幹嘛這樣」）

另外是有關男生撒嬌的部分，首先呢，我認真想了一下，沒有可以通吃女生的男生撒嬌法。原因是，女生都是在有好感以後才覺得男生撒嬌可愛，在那之前，我們通常都覺得「先生你怎麼回事」「你幾歲啊」「你以為你是誰啊」。撒嬌不是男生用來建立女生好感的方法，而是女生有好感以後推她一把讓她主動一點用的。

#觀察57

取悅男生的要點

取悅男生最好的方法，就是讓他們覺得自己能夠取悅你，讓他覺得在你面前，比他自己想的還要好。

這個問題其實是好友拿來問我的。男生會準備笑話，準備食物或禮物來取悅女孩子，那女生呢？如果女生想要取悅男生的時候該做什麼？

當然我們這邊講的不會是男女朋友，可能也不會是快要變成男女朋友的人，因為在這些關係下取悅的標準比較高。

說實在，我聽到這個問題的時候楞了一下，想的是，我有取悅過男生嗎？我幾乎想不到我取悅過他們，除了嘴巴上開玩笑地這樣說以外（有時不妨用點降尊紆貴的口吻，最重要的是只要一點點就好了）。

其實我認為，取悅男生最好的方法，就是讓他們覺得非常能夠取悅你。也就是說你可以表現

得像他們的一舉一動都可以逗樂你、他們所有的笑話你都笑，你可以大大讚美他的幽默、聰明、風趣，讓他覺得可以輕易贏得你的心，那你就成功了。

所以你當然不用說笑話逗他笑，而是要說他講的笑話怎麼那麼好笑，讓女好開心。要說他怎麼那麼聰明，都知道你在想什麼，怎麼那麼體貼都想得到你的需求。讓他很想在你面前表演，因為在你面前，他比他自己想的還要好。

另外，直接取悅男生的辦法一定是服裝。我不是叫你穿很露，很露的女生路上非常多。但偶爾可以嚇嚇他們，穿點有女人味的衣服，有點曲線的衣服，把頭髮撩起來露出後頸的髮型。

每次我跟男生朋友出門，都會表示誠意穿個短裙之類的（是說其實也每天都在穿）。但很多女生朋友對於我的「誠意說」感到不能理解，為什麼要這樣？其實也沒有為什麼，就只是男生看到的時候會很開心，我只是從衣櫃裡挑選讓他們會開心的衣服而已。這中間並沒有牽涉到我要對他們放電還是有什麼曖昧，而是男生就是這麼容易被取悅，何樂而不為？

用心打扮當然也表示你對這次出門的態度，比如你穿得像個哥兒們，那他們就知道今天只是跟哥兒們出門，他沒道理要取悅哥兒們，你也就沒機會取悅他。

#觀察58

取悅男生要點（進階版）

男生不難討好。
成功取悅了對方，他就會眼帶笑意地看著你。

前文我們談的東西普遍適用於所有你認識的男生，只要你想讓他開心就可以用。進階版的做法我比較建議你用在有興趣的男生身上，因為這些討好的方式，其實就是踩在朋友和曖昧的那條線上，多一點就是曖昧，你只要想豁出去地接話、答話、問話，情勢就一路曖昧下去了。

後來我不太愛給自己找麻煩，講話的時候明明知道自己可以怎麼接或丟球，都很認真地把手從鍵盤上拿開。

男生真的不是很難討好，跟女生比起來。首先，表現出聽話的樣子。當然你知道你不能一直聽話，這種東西都是物以稀為貴，你平常當你自己就好，但偶爾要表現出聽話的樣子。注意我說的是「的樣子」，也就是說你不能、也不需要真的聽話，真的聽話的危機就是你會被制約，覺得自己該聽他的話，那慘的就是你了，你會從可以自己決定要不要討好這個男生，變成你一直想要討好這個男生，大家應該看得出來這兩者差別在哪裡。你只要讓他覺得你有聽到他講的話就好了。所以**句型應該像這樣：「你上次……以後，我就……」**

例1：「你上次說某某某唱的歌很好聽，我後來有去找他的某某專輯來聽，我喜歡裡面的……」

例2：「都是你啦，你上次說那個A長得很像某某某，害我看到A的時候一直想笑。」

例3：「你不是說咖啡喝太多不好，我現在都不敢喝那麼多啊。」（超聽話的）

應該可以看得出來這些例句是按照曖昧程度來排，最曖昧的版本就是加上括弧內的話囉。

另外，我們試著想一下之前談過的，男生對你有興趣的時候會怎麼形容你：「像小孩，還有點迷糊。」對，**你也可以表現出像小孩和迷糊的樣子，需要他的幫忙，讓他覺得他是大人，好像你仰著頭看他**。舉例來說，表現因為一點小事情就很開心或小煩惱的樣子，說一些自己的小糗事。注意一下是「很」開心和「小」煩惱，男孩子大多不太擅長處理女生的負面情緒，所以你不要把他放在他不拿手的位置上。最好是講一些比如你餓了還是睏了之類的就好了。

最後還是要提醒大家，事情的分寸都很重要。我們也不是真的小孩，對方也不是真的喜歡小孩，這些舉動都是用來製造你和男孩子之間的小火花。成功與否的判斷標準很簡單，被你取悅的男生會眼帶笑意看著你。

#觀察59

他到底喜不喜歡我？

男生大部分都單純，他們如果喜歡你，你很快就知道；那些你不知道的，就當作沒有吧。

事情常發生在男女生肢體言語方面其實已經超過平常朋友的感覺時，不過男生一派自然樣，女生心裡就很緊張，他到底喜不喜歡我呢？

在回答這個問題之前，我有一個誠摯的建議，「如果他沒說有，你就當作沒有。」

以下描述的是某一種男生，他們相當嫻熟於跟女生相處，他們知道有的時候女生期待男孩子多做一點，他們知道他們去占你便宜，你不但不會生氣還會心花怒放。我不是要說這種人是遊戲人間的壞男人，他們只是善於此道而已。不管他們是要追你還是不要追你，你都沒那麼容易知道。事實上，要不要追你可能根本就不在他們的考慮範圍內，因為高段的追就是不用追，我們只是看現在是由誰來推動關係、做出改變而已。

男生會傳簡訊給你，在言語上占你便宜：「寶貝今天有沒有想我啊」或是「今天一起床就想見到你」。他們也會在肢體上占你便宜。他跟你講話的時候，會靠你很近，偷摟一下你的肩膀，走路的時候偷扶一下你的腰，就算在大家面前也可以不避諱地硬要坐你旁邊或跟大家稱讚你有多可愛。我可以說他可能對你有興趣，但，你引起了他的興趣並不足以表示什麼，這都還在 pre- 追求的階段而已。

我也不會輕易跟諸位女性朋友說，他要是怎麼樣就是喜歡你、他要是怎麼樣就不算喜歡你，大原則就是，他沒說他喜歡你，你就要當作沒有。**如果你們沒有要在一起，那他約你出去你就要保持平常心。你可以表達對他的好感，但不要讓他「抓」到你。**

每個女孩子自己的規則其實也不太相同，有些比較單純點的，可能覺得一切事情都應該發生在交往以後，這些女孩子會因為對方莫名其妙就做出她們認為男友才應該有的舉動，而整個被搞糊塗。你仔細想想就知道：什麼行為是男友或是喜歡我的人才可以做，這個規則不是你自己決定的嗎，對方怎麼會理你呢？你要自己嚴格把關才行啊。我常聽女生朋友跟我說，「然後他就怎樣，然後他又怎樣……」最後問我他這樣是什麼意思。嗯，我是不知道他是什麼意思，但什麼都默許他做的你是什麼意思倒是大家都知道了。

結論同前，我給單純的女孩了的建議就是，「如果他沒說有，你就當作沒有」。其實男生也大部分都很單純，單純的那些，他們如果喜歡你，你很快就知道，那些你不知道的，就當作沒有吧。我知道光是「當作沒有」就已經很難了，他對我這樣又對我那樣，怎麼會不算喜歡我呢？你會這樣抗議，不過，更簡單的說法是，他對你這樣跟那樣只是因為他想這樣做，並不一定是因為他喜歡你。而我更必須點出來的是，有時候你的「當作沒有」，反而才能讓他真的喜歡你。

Part 5

研究女人的科學和寫給男生的相處練習

雖然跟女生相處不簡單，但只要開始觀察瞭解，每一次都能夠做得更好。

#觀察60

想太多

拿出勇氣比猜想她到底想不想要你開口約她要重要多了。
如果你們還在發展關係，那就是好的，至於關係會發展到哪裡去，不需要現在就決定。

大部分的人的問題集中在「她在想什麼、她喜不喜歡我」上。我知道要大家不去想這件事情非常困難，如果你已經喜歡上對方，而且是採取行動的那個人，當然想要知道自己的行動有沒有效果，並認為應該據此計畫下一步行動。

不過，我想要指出的一點是，**對方可能也不知道自己在想什麼，她只是憑感覺行事，可能也不知道自己喜不喜歡你，只是等你做了什麼之後，做出反應而已**。你想知道她為什麼要講那句話，但她可能自己也不知道，只是當下想要那樣回而已。認為對方講的每句話、每個反應背後都有用意，其實是想太多、多此一舉，可能也是太高估自己，認為自己對對方有什麼影響力。

我不否認，在發展關係的後期，曖昧的時候，小細節、眼神、簡訊、留言、問題都有戲，這是有可能的。但是**在那之前，大部分的事情都不用推敲，因為事情就是看起來的那樣。**約不出來就是她不想跟你出去，說她有空就是想要跟你出去，她約你就是想要跟你出去，出去之後不約下一次就是不想再跟你出去。丟她 LINE 她會回就是想要跟你說話，以前都會好好回但是現在回答很簡短就是沒那麼想跟你說話。有時候想太多是因為不肯接受現實就是這樣，認為對方應該是別有用心，實際上是毫無用心。

那不想太多可以嗎？其實就是放輕鬆自然一點，想跟她說話的時候就說話，想約她的時候就約她，像跟你的朋友說話，或邀約你的朋友一樣。她若拒絕，你也不用想太多，下次再約就是了。一直步步為營的生活還挺累的，特別是很急的那些，好像每天發生的事情都有重大含意，今天被拒絕就要決定是不是要放棄，今天邀約被接受好像就代表兩人有很大的進展、是不是該走下一步。甚至連約都沒約，只在聊天的時候就因為一直詮釋對方的心意，找不到「時機」開口，也或者是沒有勇氣。拿出勇氣比猜想她到底想不想要你開口約她要重要多了，她答不答應，你約了不就會知道嗎？如果你們還在發展關係，那就是好的，至於關係會發展到哪裡去，不需要現在就決定。

#觀察61

約女生出去的禮貌原則

不要給自己找那麼多理由不去約她。
臉皮越是薄的男生，越應該練習自然地約女生出去。

有時候我會遇到一些男孩子，他們約女孩子出去的時候，不但犯了女生的大忌，還自以為這樣是有禮貌，很體貼。這次我們來談一下約女生出去的禮貌，我要糾正自以為是禮貌的白目行為。大原則我已經講過兩百遍了，**就是要自然一點**。以下講的都不是朋友之間的邀約，而是男生約女生出去的約。

1. 不要沒有計畫

我不懂為什麼男孩子約女生出去要問對方那你想吃什麼、你想做什麼，那你想看什麼電影，然後認為這是給女生選擇權，很有禮貌。是你約我出來，結果要去哪裡還要我來想，你真的覺得這是禮貌嗎？問我想吃什麼的，我就想在家裡吃，問我想做什麼的，我就想留在家裡看漫畫。根本是男生很懶惰不願意想要去哪裡，又怕提出意見被女生打槍，所以就想直接問對方，這只會讓女生覺得你一點誠意也沒有。我沒有想要男生做到備好方案ＡＢＣ或跟套裝行程一樣厲害，但**出門至少想好一個活動搭配一個餐廳或咖啡廳，要求應該不算太高。**

沒有計畫這件事可以延伸到你問她哪天有空，最好是直接約時間，比如說某個星期六中午或晚上這類的。我不知道其他女生怎麼樣，但我不喜歡人家問我「什麼時候有空」，因為我沒有打算要把我每天的行程講出來，而且我有空跟我要跟你出去是兩件事。上次遇到讓我爆笑的約法是：「我想你比較忙，你先說你哪天有空，我把時間空下來給你。」把時間空下來給我，那是我在約你囉？

2. 不要煞有其事

男生不要搞得好像人家答應跟你出去，就是要跟你在一起，女生心理壓力會很大。**「我可以約你出去嗎？」這類邀約的問題絕對禁止**，你要有膽子約就要有膽子接受拒絕，別以為先問對方可不可以約她出來是禮貌，你約約看不就會知道了嗎？我認識一個男生，他約我的時候我都不知道他在約我。他就說某部即將上映的電影應該很好看，我說「是喔，我也想看」（做球給他），結果他就直接接到「好吧，那就走囉」。雖然我本來也會答應讓他約，但這種女生還沒答應，就已經當作她答應的邀約法是很值得男生學習的（當然也是有風險啦，男生自己要注意）。

煞有其事可以延伸到「我可以要你的LINE嗎」這類問題。我不能說你這樣問會怎麼樣，而是根本沒有必要，你就輕鬆地說「來個LINE吧，下次去唱歌順便找你」。

3. 不要把自己不敢做的事情說成替對方著想

真的要替女生著想有很多地方可以替她著想。那天我朋友跟他第一次約的女孩子出門，下午的活動進行到晚上，該不該約女生吃晚餐呢？他心裡想，就問她肚子餓不餓，女生說還好，結果他就送對方回家了。事後他跟我說，他覺得要給女孩子選擇要不要吃飯，所以如果她想吃飯就會自己說。**女生都答應跟你出門了，結果還要她提議你才要帶她去吃飯，那不是等她自己來追你就好了？她說肚子不餓，你就說你很餓，然後帶她去個可以喝飲料的地方吃飯啊，這有很難嗎？**

自己不敢做的事情包括想跟對方要LINE，結果卻把自己的LINE給對方，「我想她要加我就會加」。其實約就是約而已，大不了被打槍，不要給自己找那麼多理由不去約她，臉皮越是薄的男生，越應該練習自然地約女生出去。

#觀察62

約女生的三個法則

若無其事地把邀約當作是閒聊的一部分，約成就走，約不成也不會怎麼樣，換個話題而已。

我用 Google analytics 關鍵字搜尋分析，結果發現了一件有趣的事情：很多人打入 Google 搜尋的關鍵字是「如何約女生？」然後找到我的部落格。

如何約女生，我有三個建議：單獨約，直接約，若無其事地約。只有小朋友才搞團體聯誼這件事，增加同行的人數並不會增加你成功的機會。當然你要去參加任何派對都可以把消息給她，但不要像高中的時候一樣為了約一個女生把全部朋友都拉下水，舉辦電影欣賞會還是烤肉同歡會。

單獨約還包括，約她的時候最好她是一個人。一個女生是一個女生，三個女生是三姑六婆，五個女生就是一股勢力。你很風趣健談的話，面對好幾個女生是無所謂，但個別擊破總是比較容易。比較有經驗的男生在公開的團體場合只會做到取得女生的聯絡方式，完全不會顯露企圖心，一切邀約的舉動都是私底下來的。

直接約就是叫你不要拐彎抹角，你要約人家看電影，就不要從「平常週末都在做什麼？」開始，當然也不要從「我可以約你出去看電影嗎？」問起，更害羞一點的可能還會從「你喜歡看電影嗎？」開始。

正確問法如下：「這部電影好像蠻有趣的，我們下個星期找個時間去看吧？」「星期六有沒有空？帶你出去吃飯，剛好朋友介紹了一家不錯的餐廳。」

你會想，我可以講出這麼「沒禮貌」（主導性強）的話嗎？當然可以，而且更重要的應該是判斷你夠不夠格講出這個話。也就是說，在約女生單獨出去之前，你應該先判斷你可以約她了嗎？**我的準則很簡單，可以聊天的就可以約**。約不約得出去是其次，但講不上話或是她莫名就會去洗澡看電視、閒置視窗的就不用嘗試了。

「若無其事地約」就是入門與進階的分界了。

有時候我都替遇到的男生緊張。大費周章又故作姿態，想了很多台詞和理由，想什麼時間對我比較方便，假裝這是一個巧合等等。第一次約會的話、男生有點準備是很好，不過這些準備都不能讓女生發現，不能表現出我特別為了這次約會而去找餐廳，借車，提早下班，預先排隊買票。

她說今天不行，你還要問她今天要幹嘛，那明天要幹嘛，後天可以嗎？真是有點緊迫盯人。或是她今天比較累，你還要慮她說那正好適合看個電影放鬆一下。如果她用累來拒絕你，不就表示跟你在一起她無法放輕鬆嗎？

若無其事就是約她的時候隨便就可以開口，被拒絕了也不會怎麼樣。假如你被拒絕過幾次，但其實除了邀約以外的其他互動都還不錯，那女孩子有一天不好意思就接受你邀約的機會頗高。

把邀約當作是閒聊的一部分，約成就走，約不成也沒怎麼樣，換個話題而已。

A是興之所至邀約的高手，大概認識的一年內我可能拒絕過他二十次以上，並不是他要追我或是我對他沒興趣，而是他就是一個什麼活動都可以來約一下的人。所以儘管我拒絕過他二十次（真的對活動沒興趣、真的沒空、加上有時是懶得約會），我們還是出去過三、四次左右。這不是要講有志者事竟成的道理，而是發票對得夠多，有一天就會至少中兩百元

#觀察63

邀約的祕訣：給出選項

你給出選項的話，對方比較容易選擇其中之一；
你把約會的時間延長，對方對你的好感也容易增加，因為我們都是慣性的動物。

這篇主要的概念就是叫男生不要什麼事情都問女生。我重申一下我所謂男生應該要先準備好的意思，並不是叫你都不要問女生的意見，而是要把選項變得很容易。約電影、吃飯、時間、地點全部都適用。

把「你什麼時間有空？」變成「你星期六晚上方便嗎？」、把「你有想看的電影嗎？」變成「《哈利波特》跟《變形金剛》感覺都不錯，你對哪部比較有興趣？」或「我想去看《X戰警》啊，一起去吧！」

或把「晚上想吃什麼？」變成「我知道有家日本料理餐廳不錯，還有一家美式漢堡，你喜歡哪種料理？」「要約哪裡？」變成「你坐捷運嗎？那我們約東區是不是比較方便？」或「方便的話，你給我地址我直接去接你吧！」

明明已經回答過的問題可能這時又有人要跳出來問，假如約的時間她不方便呢？假如挑的餐廳她不喜歡呢？邀約其實也是試水溫，成敗不用太放在心上，你丟個選項出來，若不合她意但願意出去，她有長嘴巴自然會說她想吃啥看啥電影。你連選項都沒有，那就只能等很願意很願意跟你出去的女生自己把電影、餐廳、時間、地點都想好了，你只要打扮好出門什麼都不用想。（咦？這句話好熟）另外，**你應該盡量設法延長約會的時間，所以不要約看電影但不知道看完要幹嘛，或約吃飯吃完飯就跟人家說掰掰**。假如你們是約看電影，電影時間之前或之後總是會碰到可以吃東西的時間，午餐、下午茶、晚餐其實你都可以順便約，但如果你連吃什麼都不知道就很難開口。

比如看完電影，你問她：「你想吃晚餐嗎？」她說：「還好。」然後你又問她：「你有什麼想吃的餐廳嗎？」她回答：「不知道耶。」你們接著就會走上各自回家的路。若你有準備，你可以直接說你餓了，剛好附近有家餐廳你聽說還不錯，不如一起去試試看。

約吃飯也同樣應該考慮吃完要幹嘛，吃完飯可以看電影、看展覽、逛書店、買衣服甚至散步。女生願意主動提出接下來的活動方案，需要的好感度很高，但女生覺得你還不錯就可能會願意多花點時間跟你相處，你能提出接下來的活動會比傻傻地說「那……你要回家了嗎？」（我不回家我們要幹嘛？）來得好。

就算她說她接下來跟朋友有約，你也可以問問她們要幹嘛，陪她到下一個地點，搞不好她就會邀請你加入她們的活動。

結論就是，你給出選項的話，對方比較容易選擇其中之一。就像明明想說不要加辣，結果老闆問你說大辣還小辣，你就回答小辣。你把約會的時間延長，對方對你的好感也容易增加，因為我們都是慣性的動物。

#觀察64

跟女生聊天的原則

也許幽默感有一點點天分，但見識不是，興趣跟內涵也不是。
你要能講得出自己的一套，女生才會覺得你有點意思。

在跟女生聊天之前，當然還是要請男生自己想想，你平常的生活裡，有什麼好跟別人聊的嗎？當然基於每個人都有好友的立場上，你跟好朋友隨便吐槽耍白痴丟丟LINE也無所謂。但假設你現在要跟不太熟的女孩子閒聊，總不能開頭就先用句髒話來問候。

上次有人建議，跟女生聊天要投其所好，這我當然不反對。但是女生，尤其是正妹，平常講話的對象已經很多了，可能另外還有一百個，有差你這個投其所好的人嗎？

男生要先想想自己有什麼可以拿出來跟別人分享的。假如你的生活裡只剩下debug、線上遊戲、抱怨同事主管，我想這不是你無法跟女生聊天的問題，是你本人就無聊。有兩種人講話女生會聽，一種是有想法的人，另外一種是有幽默感的。有想法的定義可能大自人生規畫，小至電影

的喜好，你能講得出自己的一套，女生會覺得你有意思。但如果是想法很low的人我也沒辦法從頭教起，只能說先生你書讀太少了，去培養一點興趣跟內涵再來。

真正有幽默感的男生，不會比前一種好找。無奈的是，搞不好十個男生裡有十個都自認為有幽默感，其實只是喜歡攻擊別人跟轉貼網路上講過八百次的笑話。你可以開點無傷大雅的玩笑（嚴禁過分認真的談話），說些最近生活中有趣的事情（真的一點都沒有就講網路上最新的清流），介紹一下有趣新奇的東西給她。假如女生對你說了什麼她自己的事情，請在敲下「不錯啊」這三個字之前，先認真想一下哪裡不錯，你真的要回答這一點用也沒有的三個字嗎？

也許幽默感有一點點天分，但見識不是，興趣跟內涵也不是。

當然也要講一些可以避開的事情。很多人愛問：「最近過得如何？」我最近過得怎樣，跟你有什麼關係嗎？我過得好，你又要說：「不錯啊。」那我過得不好，你以為我會跟個陌生人說嗎？另外一種愛問的問題是：「平常都做些什麼休閒活動？」女生內心的OS同上。就算我說喜歡逛街，你有什麼逛街的知識可以跟我聊嗎？還是你可以陪我去逛街？當然我們可以聊對方的休閒活動，但那都是在她把你當作願意聊天的對象以後的事了。

假如你需要一個開頭，可以聊聊她的暱稱有什麼含義，照片哪裡拍的，最近熱門的電影如何，你剛去過什麼餐廳、看過什麼書、聽過什麼歌，你覺得不錯，可以推薦她。

最後講個心態問題：這個階段裡你不是要追她，只是想多認識她而已，放輕鬆一點。

#觀察65

男生該不該付錢？

女生會計算男生花在她身上的金額，並以某個匯率兌換成用心指數；匯率的高低決定於她喜歡你的程度。

對不起，我又拿老哏出來。之前看《大學生了沒》，談到第一次約會男生到底該不該請客這件事情。反過來說，如果女生從頭到尾就是一毛也不出，這樣對嗎？

規則是一樣的，就是談論範圍僅及於第一次約會，或頭幾次單獨出去的情況。身為有一個高中生弟弟的姊姊（而且該弟弟也頗常跟女生出去約會），我從 開始就叮囑我弟，「絕對不要請客」。原因很簡單，你又沒有自己的錢，錢還不就是零用錢，而且要追女生真的是不用花錢（至少在學生時期）。

其實，錢從來就不是最重要的因素，但你不能讓女生覺得你小氣，就是這樣而已。小氣是人格問題，打腫臉充胖子也是。真的喜歡你的女生，還會心疼你錢花得兇；不喜歡你的女生，你花再多錢，也只是買了跟她吃飯看電影的時間。但如果你想要的就是這樣也無妨。

出社會以後，第一次約到女生的男生，九成九會付錢，雖然我本人並沒有特別認同這件事。不過**出錢就跟開車一樣，只是減輕了你們約會對女生造成的負擔，不管是經濟、交通或時間方面的考量。並不會因為你付了錢開了車，女生就愛上你。**我只能說某些自己追不到女友就把女生汙名化的男性是白痴，應該仍然是人格問題吧。

女生會計算男生花在她身上的金額，並以某個匯率兌換成用心指數。不過請注意，重點是她想感覺到她受你重視，她想知道你願意為了她做出什麼舉動。匯率的高低決定於她喜歡你的程度，所以只要有感覺，一切都好談。我認識口口聲聲說出入要坐車的女生，後來跟只有摩托車、房租也快繳不起的男生在一起；也認識跟男生出門時，連對方買了幾杯酒請自己都算得清清楚楚的女生，後來急著幫窮男友付這付那。

對，你付錢，準備交通工具，把事情都打點好，這都是降低女生點頭出門約會的門檻。重點是，然後呢？我不反對第一次出門男生請客，事實上你這樣做會讓事情輕鬆很多，但最好是順便觀察是你付晚餐錢她買電影票，還是嘴巴擦乾淨就謝謝再聯絡。

#觀察66

女生會感激的小事

善用你做起來不太費力，但女生會感激你的事情。

事情的起因是這樣的：男性友人T原本要去幫忙一個女生搬家，後來女生婉拒了，T也接受她的婉拒。問題來了，如果T想要追這個女生，T該再跟她提出要去幫忙嗎？還是既然女生都說不用了，自己也不要熱臉去貼冷屁股？

接下來是我給男生的誠心建議，對女生好的時候，你要做的事情叫作「讓人感激的略施小惠」。什麼意思呢？

1.絕對不要一個勁說要去幫她，也不要堅持

女生很快就懂得得寸進尺，也很會拿翹。拿翹之後你就變成好人，永無翻身之日。

2.不要說「是因為你」，我才去幫忙的

結果同上。應該表示男生的紳士風度，也就是你是出於男生體貼女生的邏輯才對她好。

3.如果你們是新朋友，相處的準則應該是自然

所以對女生好也要自然，讓她覺得你是一個很好的朋友，不是只因為「你要追我」，不然結果同上。所以事情要量力而為，也不用過於主動，只要讓她知道，如果幫得上忙，她可以跟你開口。

4.如果你成功幫到忙了，這個過程的準則是觀察

讓女生經由觀察得知你值得信賴，但不要讓她以為你很有空，不要讓她以為你可以隨傳隨到，不然結果同上。不要邀功，但可以讓她買杯飲料給你，男生請勿以為你幫了忙之後兩人的感情就會有什麼突破性的進展，有時候她只是找不到別人而已。

5.最後了，也是最難的規則，選擇你要幫忙的事情

難是因為，有時候喜歡上一個女生，當然她什麼事情你都想幫，可是你現在已經知道這會造成什麼後果了。

剛認識的時候，選擇一些讓人感激的略施小惠。也就是說，你要選的是，做起來並不費力（或是只費一點點力），但對方會很感激的事情。做的事情貢獻太大，女生會怕；做的事情一點用都沒有，女生根本不在乎。

到底什麼事情符合這個準則？很抱歉我也沒辦法點明，因為對每個女生來說都不一樣。這要靠男生平常的觀察。假如她是怕冷的女生，一個暖暖包就夠窩心了。假如她是怕餓的女生，有時候剛好多帶一包零食你就贏了，不是每次都要從台北頭載到台北尾。

不過很現實的是，通常女生會感激的程度，跟她正的程度成反比，這是題外話。

#觀察67

正妹的三種類型

有太多男生對她好，
所以她拿翹得理所當然。

正妹是不是真的難追，還是只是被汙名化而已？

事情的開端是我的好友打算約一個女生出去玩，平時他們互動也算不錯，我也抱著樂觀的態度。但當我看到那個女生的網路相簿，發現她真的是正妹，立刻改口：「要重新評估了。」

正妹為什麼難追呢？因為你的所作所為要嘛她全部看在眼裡，要嘛她根本不在意。雖然很多的情況是兩者皆是。

從小就是正妹的女生，只能用閱人無數來形容，你都還沒開始跟她要LINE，她已經聞到你對她有意思的氣味。再加上很多男生就是乖乖對她好，讓她拿翹，這樣她當然不會感激你啊。反正你不做也有別人要做，更何況，通常你都是第一個舉手的。

所以說，追正妹，跟追一般的女生，是完全兩碼子事。而正妹之所以難追，其實男生也要負一部分責任。以下提供三種類型給大家參考：

1. 冰山正妹

平時跟冰山一樣的女生，只要對你有一點點示好，就表示你出運了，請趕快把握機會，衝上去就對了，這種正妹很害羞的，不要給她機會退縮。

2. 開朗正妹

不同於被動的冰山正妹，現在有越來越多的正妹非常主動，她們開朗熱情，會主動找你出去玩，要你陪她，讓你飄飄然，覺得自己好有機會。這種更難追！開朗好相處的正妹根本就是海底針，她的的確確明明白白就是把你當朋友，你完全不會知道自己的排名是上升還是下降、今天她很開心是因為你很可愛還是電影好看。

對於這種類型的，**我有一個建議：輕微的肢體接觸**。給你碰的就是對你感覺不壞（請不要又要直接跳到「她一定喜歡我」這種結論），碰完她表情整個冷淡當作沒這回事的話，那你就可以默默回去當朋友了。

3.好心腸正妹

還有一種正妹，有看過電影《情人眼裡出西施》的，對於醜小鴨症候群應該有點印象。就是小時候不漂亮長大才變漂亮，所以小時候心地善良，長大就算變漂亮了還以為自己沒變漂亮，並且保持這個好心腸。也真的是有最後這種正妹，不過由儉入奢易，由奢入儉難囉。

正妹追求原則

#觀察68

一開始就把正妹當作你的朋友，你們之間才有發展性；
不管你追不追，你都會得到正妹朋友。

之前有提過，追正妹的方法應該寫成一本書，所以當然我也不可能這篇文章就講完。不過我要講的是個大原則，一切都從這個大原則出發。

好啦，**大原則只有一個。追正妹的大原則就是：「不要把她當正妹。」**

什麼意思呢？正妹，絕大部分的正妹，都早就知道自己是正妹了，她知道自己通常會有什麼待遇，她知道別人怎麼看待她，她知道你的小腦袋瓜想什麼。所以男人們，要引起正妹對你的興趣，最要緊的一點就是心態調整，不要把她當正妹。

這句話的意思，不是要你對她的可愛視若無睹，而是要你放輕鬆，跟她相處的時候，就像跟你其他女性朋友一樣，把她當朋友，甚至可以開她玩笑，請她幫你個小忙，讓她覺得你跟她平起平坐，沒有把她捧在手心上；你知道她很可愛，但你對她沒有動什麼念頭。

能夠放輕鬆，對兩個人的關係來說非常重要。這樣你才不會做出什麼蠢事，比如說跟她出去過一次就自以為兩人關係邁進一大步。過度在意對方的反應會無法表現出自然的自己。你當然也希望她是喜歡真正的你啊，真正的你當然是跟朋友相處的時候最能表現出來。

放輕鬆的男生才能夠表現出自己的魅力。你邀約她的時候，不是畢恭畢敬等著她臨幸，而是你知道這部電影應該會不錯，問她想不想跟你一起看。出去的時候不用照顧得無微不至，體貼的男生是不錯，但能夠跟女生打鬧得起來的男生更吃香。

很多時候，只要你一開始把她當作天上的月亮，事情就結束了。因為兩人的從屬階級已經確立，女生知道她已經贏了，男生當然只有卡關的份。把她當作你的朋友，你才能多瞭解她一點，你們之間才有發展性。關係如果一開始就定在追與被追，結束了你們也不會變成朋友。關係如果是朋友，不管你追不追，你都會有正妹朋友。

不過，最高段的追就是不用追。

#觀察69

不需要問她有沒有男朋友

不想花力氣在有男友的女生身上，表示對你來說，女生只分成要追的跟不追的。

「男朋友」除了作為不想跟你出去的理由外，其實對於一個男生能不能跟一個女生建立關係來說，並不是多大的阻礙。**實情是，一個女生有沒有男朋友，也不妨礙男生是不是會喜歡上她，也不妨礙她是不是會喜歡上你。**（天哪，我講成這樣，那些正在當「男朋友」的人會不會嚇得心驚肉跳？）

以下談的，當然不包括朋友之間的關心。本文專指那些……我想女孩們應該都知道我在說哪些人。

我的男性好友說得好，當時他正在評論呆男，「這些人總是想要確定自己的投資方向是否正確」。好像對方若沒有男友，自己就可以蓄勢待發。只是我看不出來，這個女生難道沒有男友就會選你嗎？還是她沒有男友你就能得到任何優勢？假如你要追她，就你與她的關係來說，只有她喜歡你跟她不喜歡你兩種。「我喜歡你但是我有男朋友」的情況，不是沒有，但到這時候這已經是最不值得憂慮的地方了。悲傷的是，其實男女關係有多種可能，但一旦你假裝不經意（通常是失敗的假裝）探詢對方的感情狀況時，女生就抓到你的辮子了。你也把關係的發展侷限在很小的方向，而且之後的所作所為，常會被當作別有目的。

嘿，一定會有人為了「確定投資方向是否正確」的這個理由辯解。當然你可以說，你不想花力氣在有男友的女生身上，這只表示對你來說，女生只分成要追的跟不要追的。對我來說，仍然採用這種分類法的男性，真的是只能歸在很難討人喜歡的那個類別。

追根究柢，在剛認識的階段就急著確定對方感情狀態的男生，其實就是表示「我沒興趣跟你當朋友」。通常這些人詢問的方式都很呆，導致女生都還不認識你，你就大聲宣告「我沒興趣跟你當朋友，而且我很呆」。**其實，女生對你是不是感興趣，要比她有沒有男朋友重要多了。**剛開始你可能心急想要知道，這時你壓抑內心的衝動假裝自然，久而久之你就能真的放輕鬆了，你就會發現其實這根本沒什麼。講白一點，關係從來就不會因為對方有沒有男朋友而變動。不過，遺憾的是，那些還是非問不可的人不會明白這點。

假如，假如假如，你真的非常想要知道，你非知道不可，你不知道的話就失去人生方向與前進目標，那就直接問吧。直接問絕對比所有不入流的假裝要不呆一點，那假如你又再聰明一點，也知道女生怎麼回答你，就反映了她對你的立場。

#觀察70

不用問她喜不喜歡看電影

她喜不喜歡看電影其實不重要，
重點是要增加她對你的好感，讓她願意跟你出去。

這篇我們先談一下基本面的問題。基本上，女生答應跟你出去是因為：1.有好感；2.無惡感。

如果是女生對你有好感，請不用再看下去。

這邊我想先解釋一下，我的部落格中常有人持反對或質問意見，通常都立基在「只要女生對你有好感，哪需要管這麼多」。如果她喜歡你，當然一切好說，你也不用再讀下去，不過事實上是否大部分的時候你都不知道她是不是對你有好感，而且擔心自己動輒得咎？

所以我們討論的當然都是一般情況，也就是你先對她有點興趣，想約她出來，但不知道她對你印象如何。

接下來我們才討論約會包含的因素：⑴電影好看；⑵時間配合；⑶她對你的好感度增加。再怎麼呆的人應該都知道⑶的重要性遠勝於⑴和⑵，甚至可以超越⑴、⑵的負面因素。也就是說假如好感度很高，就算電影不怎麼樣，時間很難配合，她都會願意跟你出去。

所以男生首要也是最重要的目標，當然不是問她喜不喜歡看電影，喜歡看什麼電影，什麼時候有空看電影。你的重點是增加她對你的好感，讓她願意跟你出去。

我會因為有人約去看我想看的電影，就答應跟他出去嗎？還是因為那天剛好有空就出去了？有可能（但低於百分之一），百分之九十九的情況是，我跟想一起出去的對象找電影看，跟他喬時間。

我給大家的建議就是，把平日的閒聊和約她出去分開來，不要整天鋪哏，問一些「喜歡喝咖啡嗎？喜歡看電影嗎？」之類的問題，真的好無聊。你們平常聊天聊得來、講得上話，開開心心地，你就提一些想看的電影、去過的好玩的地方、上次吃過好吃的東西，看看她的反應。這當中請隨便邀約她，得失心不要重，當作試水溫，只是心血來潮問一下，結論也一樣：發票對得夠多，有一天就會中兩百元。

#觀察71

要看哪部電影，請你先挑好

約女生出來，最好能讓她什麼都不用考慮，
只要打扮好跟著你出門就好。

繼基本面的討論後，今天我們來討論一下反論。我在前文中叫男生不要讓女生選電影，但似乎很多男生還是認為應該讓女生選，今天我們來逐條討論一下。

這邊討論的當然不是互有好感的情況，也不是朋友邀約的情況，而是你們不太熟、但你對她有興趣時的異性邀約。

實際進入討論之前，我們先想幾個類比的問題：假如該讓她自己選電影的話，是不是也該讓她選時間？「那你什麼時間方便？」也讓她自己選餐廳好了，「那你想去哪裡吃飯？」甚至交往以後要出去玩，是不是也該「那你想去哪裡玩？」女友生日的時候就「那你想要什麼禮物？」希望我照樣造句到現在，你已經可以發覺這不是什麼女生會欣賞或覺得體貼的問句。

會說「我男友好體貼喔，都讓我自己選餐廳，我還可以自己打去訂位、選我有空的時間」的女生怎麼想都很少，會抱怨「我男友竟然直接問我生日想怎麼過，想要什麼禮物，都不肯自己想一下」的人數應該多得多。

接下來是幾個男生提出的理由，討論之前我們先回憶一下，追女生「最高段的追就是不用追」這件事，就是不要讓女生覺得你在追她，你約她的時候要像是你「找人」看電影，而不是你約「她」看電影。

男生的理由1：如果我挑的電影女生不喜歡怎麼辦？

想一下之前我們提到的約會因素，約會不成功很少是因為你挑錯電影（除非你挑的爛到讓女生對你印象扣分），主要都是看女生想不想跟你出去。

挑的電影對方不喜歡，這當然是會發生的事情，也就是邀約的風險，朋友之間電影品味常常也大相逕庭。這只表示你可以參考一下影評跟卡司，找一部比較不容易被打槍的片，怕被打槍就等於因為怕被拒絕、所以乾脆不要追女生等女生來追你是一樣的意思。

比較好的做法是，你可以說你覺得A跟B兩部電影都蠻不錯的，問她哪部還沒看過或比較有興趣。再者，假如女生蠻願意跟你出去，但你挑的電影她不喜歡，她就會說「喔，可是我想看另外一部耶」，你就接著說「那部我也想看」。如果她不想跟你出去，你挑了一百部可能她都回答不想看（不過還是要挑）。

男生的理由2：我挑的電影結果不好看怎麼辦？

前提同上，約完會印象扣分很少是因為你挑錯電影，因為你本來也不知道好不好看。難看更好，你們一起取笑電影有多難看，你可以說，我們下次再去挑戰另外一部好了。

回答也同上，看完發現你挑的片很不怎麼樣也是當然的風險。整個約會的過程當中，電影的內容與過程（兩個人對著一面牆不講話兩個小時），其實占很小的部分。**她對你和這次約會的主要印象是你的行為、談吐和你們相處的方式，不是電影好不好看。**搞不好你有沒有先用網路訂票，你們怎麼打發電影開場前的時間，會讓她留下比電影更深的印象。

事實上，如果約會完她只對電影有印象，那跟你去看電影就和跟其他人去看毫無差別了。

男生的理由3：女生挑的電影我都接受啊！

是啦，因為你想約她嘛，當然她說什麼都好，但**女生會覺得「不是你找我看電影的嗎？電影還要我選，那先生你要負責什麼部分？」**，這就等於跟女生說我對你有意思，我想約你出去，你要幹嘛都隨便，而且我蠻呆的連部電影都挑不到。不要在很開始的時候就讓女生覺得你對她有意思，這很容易讓女生起戒心。而且女生就跟你們一樣都很懶惰，都懶得去看最近有什麼好看的電影。她最好什麼都不用想，今天只要打扮好跟你出門約會就好了。

我們**若把這比作考試，直接問女生就是叫老師把答案寫出來讓你抄，天下哪有這麼好的事情**，而且老師不會因為這樣覺得你很上進，只會覺得你不用功。

#觀察72

電影邀約須知

聊電影是知道對方喜好的一種方法，也是很好的邀約測試。

我們前面的討論集中在男生應該先挑好電影，那怎麼挑電影呢？以下有幾個建議。

1. 閒聊跟邀約分開

我之前有建議大家要把閒聊跟邀約分開來。電影本來就是一個可以拿來聊天的話題，你聊聊你最近看過的電影，或者問她最近看過比較喜歡哪部片，都可以藉此知道她的喜好，不要等你要約她的時候再開始瞭解。讓不熟的女生知道你也會跟別人（不論男女）出去比較好，感覺你生活比較不無聊或健康，而且不是把心思都放在她身上。

2.片海茫茫，幫她減少選項

假設你對她的喜好有基礎認識，我建議邀約的時候把選項縮減成一個或者二擇一。就算她都不喜歡你挑的電影，也可以藉此知道她對你的感覺。依照她想跟你出去的意願程度，可能導出直接打槍你、跟你說下次看看或自己提出替代方案等反應。

3.直接約，約法實例（片名純為假設）

男：「我想看《3D肉蒲團》。（後面可以接你想看的理由）」

男：「我們去看《3D肉蒲團》吧！」

男：「星期六要幹嘛，我們去看《3D肉蒲團》怎麼樣？」

男：「《3D肉蒲團》跟《小賈斯汀永不說不》好像都不錯耶，你有沒有想看哪部？」

〈情境1〉

女：「我也想看。」（做球給你）

女：「我沒看過耶。」（也算做球）

女：「蛤～好噁心的感覺，那個《美國隊長》不是比較好看嗎？」（還是做球，應該不會認不出來，如果這個時候你還堅持要看肉蒲團就不妙了）

此例女生願意跟你出去，可以直接約個時間。

〈情境2〉

女：「我看過了。」（直接要結束你的話題）

女：「喔那你看完再告訴我好不好看。」（叫你不要約她）

女：「我該去睡了（任何跟這部電影無關的話題）。」（怕你約她）

此例女生還不想跟你出去，並不表示你要馬上放棄她，但是可以馬上放棄這次邀約。

〈情境3〉

女：「是喔，《3D肉蒲團》好看嗎？」

女：「可是我星期六要……」（可能是委婉的拒絕，也可能只是要你改個時間）

女：「誰會看這種片啊？」（取決於口吻不同，可能是連想看這部片的人一起討厭，也可能只是在跟你玩）

此例女生不排斥跟你出去，可以再推銷一下，就算這次沒約成以後也還有機會。

#觀察73

別學呆男的努力

也許你這樣做沒有錯，
但就是討不了女生歡心。

以下是寫給呆男的，沒關係，你可以不用公開承認，假如被我講中了，只要以後不要這樣就好了。因為每個女孩子的脾性不同，很難流程化地說怎麼樣追就一定怎麼樣，但今天要談的是九成九的女生都會感冒的事情，如題，請不要這樣做。前面我有講過一些，現在再說得詳細一點。假如你跟對方已經是朋友就另當別論（雖然呆男大多根本沒有女生朋友）。

1. 絕對不要單獨使用表情符號

很難解釋為什麼笑臉會給人心生厭惡的感覺，但它就是會！很呆、沒有意義，甚至是負面印象居多。用表情符號開頭丟我的人，我會直接把視窗關掉。我覺得你有話就說，我不知道丟個笑臉是什麼意思。通常選擇用「嗨」或是「在忙嘛？」之類的，我可能還會出於禮貌回應。

你可以使用表情符號來輔助文意，可愛的符號甚至會加分，對話當中有個神來之筆的符號也不錯。但絕對不要單獨使用表情符號，假如你除了表情符號外不知道第一句話要說什麼，那就省下這個力氣吧。有時我心血來潮跟別人講上一段話，結果對方默默回我一個笑臉，我現在回想應該是類似贊同跟「我有在聽」的意思吧，但我看到之後就把視窗關了，不知道跟這種丟表情的人講話要幹嘛。

2.不要問以下的問題

「最近在忙什麼？」偷懶！我在忙什麼跟你有什麼關係，我為什麼要告訴你？但男生很不幸地都只會問這個，「最近忙嗎？」「工作怎麼樣？」「最近好嗎？」。朋友有出於朋友的關心，但假如你們不是朋友就不用問了，我不想跟不熟的人談論我的事情（特別是到底誰想聊工作啊，工作不就是大家都想下班）。

不過，也不要問「平常喜歡什麼休閒活動？」我是不知道其他人有沒有非常特殊不尋常的休閒活動可以分享，不過大部分女生就是逛街看電影吃下午茶。除非你可以跟她報個不為人知的很棒的下午茶資訊或是分享哪部電影的心得，不然這問題也是沒有意義。又比如說我個人還可以加上看漫畫跟看書，但可以跟我聊漫畫與書的人也不多。其實最好是自己開話題，畢竟你拿手什麼自己最清楚，但如果你只擅長寫程式跟網頁設計就算了。

當然大家也都知道我接下來要說什麼了，**不要問任何含有「男友」這兩個字在內的問句，就算你對她沒有一點興趣也不用問。**「最近出去玩，跟男朋友去的嗎？」「最近交了男朋友嗎？」「週末都不會跟男友出去喔？」「約你去看電影，男友不會生氣嗎？」請問各位，這些句子，哪個聽起來很正常沒有企圖心？

3. 慶生會或派對中，出現想要認識的女生，絕對禁止跟在人家屁股後面走

常見的狀況是，因為你想要跟她多聊一點，所以她走到哪裡你都跟著（立刻進入「蒼蠅」的分類）。其實如果女孩子起身去什麼別的地方，你就應該也去跟別人聊聊天，等會再回來加入話題，不要太早鎖定對象或被別人發現你鎖定對象，那都很呆！女生假如對你有興趣，她們也會想要觀察你在小團體當中的行為，保持一點距離讓她可以看看你。假如你跟她在不同小圈子卻能對到視線，就是好兆頭。

4. 算是我本人衷心的建議，for 呆男 only，玩不起就算了吧

其實呆男很多是屬於那種一片真心的類型，人不壞只是呆。問題就在於，你們沒有心眼玩遊戲，所以我奉勸呆男，請避開很正的女生，不要去打大魔王；請不要去當第三者或試圖橫刀奪愛（前者的意思是當小男朋友，後者是當男友的競爭者，差別在有沒有要當正牌的意思），因為這還要技術（就是你缺乏的東西），通常你只會變成備胎、落得苦情又被糟蹋的命運。

5. 該直接的時候不要害羞（從入門到進階的建議）

假如你要約她出去，或是送她什麼小東西，不要拐彎抹角或託人轉送，都幾歲了還在扉郵差，女生和她的朋友們會笑的。

#觀察74

人帥真好與有錢真好的迷思

世界上一定有人比你帥、比你有錢、戀愛比你順遂。
但那些戀愛順遂的一般人也不一定比你帥或比你有錢。

以下我們要討論一些常見的說法，不過其實我是想叫大家不要這樣說……

1.人帥真好

說話者傳達出來潛訊息是？

A.我不帥，所以我的戀愛才會這麼辛苦（對自己的外表沒自信→酸葡萄）

B.女生只喜歡帥哥（女生若知道你認為女生都只喜歡帥哥，她會對你有正面看法嗎？）

C.我喜歡的那個女生只喜歡帥哥，所以我追不到（那你喜歡一個只喜歡帥哥的女生幹嘛？）

2. 有錢真好

大家已經知道怎麼照樣造句了嗎？說話者的潛訊息是……

A. 我沒有錢，所以我的戀愛才會這麼辛苦（但講出來也不會變有錢，反而很像酸葡萄）

B. 女生只愛有錢人（試著對女生說「你們都只愛有錢人吧！」，看看她們怎麼看你）

C. 我喜歡的女生只喜歡有錢人，所以我追不到（那你喜歡一個只喜歡有錢人的女生幹嘛？）

我不是要否認外貌跟經濟上的優勢，不然大家不是靠「誠意」就可以打動女生了嗎？只是你這樣想（說），對你自己、對廣義的女性大眾、對狹義的女生（你有興趣的那個），一點好處也沒有。

外貌跟經濟上的優勢都是優勢，就像偶像劇裡都找模特兒來當企業家第二代（如果是韓劇就變成第一代），但那叫作偶像劇，基本上就是在描述一個不可能發生的事情，越不可能越好。你沒有在跟那些人競爭，大部分的我們也都只是一般人而已，有些人比較高，有些人比較矮，有些人比較帥，有些人比較醜，有些人比較有錢，有些人比較窮，大部分的人也都喜歡平凡人，只是喜歡上以後覺得他怎麼那麼可愛。

世界上一定有人比你帥，也一定有人比你有錢，也一定有人戀愛比你順遂。但你認真想想可能會發現，那些戀愛順遂的一般人，既沒有比你帥，也沒有比你有錢。我誠心地建議你，偶爾拿出來開開玩笑無所謂，掛在身上當作價值觀就有點太酸。如果你真的這樣想，或者假如你喜歡的女生非要男模或小開不可，就從今天開始好好賺錢整型吧，我也會祝福你。

一定會有人說，那「人正真好」呢？人正真好的應用範圍比人帥真好廣很多，原因你們也都知道，男生比較單純，男生的審美觀（或許也可以說社會對女生的審美觀）比較一致。也就是說，**個別男生眼中的「正妹交集」比較大，因此正妹廣泛地受到特殊待遇的機會比較多，但個別女生認為誰是帥哥差異很大，一個帥哥到底是不是帥哥一開始就值得商榷。**

舉例來說，我的好友裡只有我喜歡金城武，其他人則覺得一點都不帥。有一個喜歡丁春誠，但我不懂到底是帥在哪。有一個喜歡賀軍翔，其他人則覺得這麼娘的誰會喜歡。然後我們這群裡沒一個喜歡藍正龍，覺得他一點都不帥。

我從來都叫女生不要放棄自己的外表，但是我不會這樣建議男生。甚至我的建議都跟你的外表和經濟能力無關，都是給一般人的建議。

其實我只是想跟本書的男性讀者呼籲一下，假如你一邊讀我的建議，一邊想：如果是帥哥就不用管這個吧，如果有錢就沒有這個問題，那拜託你趕快放下書、去賺錢跟整型，去做你覺得會讓你的戀愛成功的事情。假如你不是真的認為人帥真好和有錢真好可以無限上綱，你只是喜歡講些俏皮話，那我告訴你：這些話很酸，而且傳達出的說話者態度如上，把這些話留在心裡，最好有一天可以忘記。

#觀察75

想拉近關係，避開這些方法

與其裝熟，不如客氣點，但拜託不要從「你喜歡看電影嗎？」開始；與其當小弟弟，最好可以當大哥哥，但拜託不要好為人師。

男生拉近關係的方式裡，有三種我不喜歡，不能說這些方法一定沒用，它們在各自市場或許都是有用的，請吃這些招的女生出個聲，給男生一點希望。我們講的都是一開始，就是你們純粹是朋友，甚至剛剛開始當朋友、你剛要開始約她的時候。如果你們已經有發展，這些原先不適當的舉止，都可以轉變成適當的策略。

1. 裝熟

開玩笑的時候用指責的口吻「你到底什麼時候才有空啦」，「你都沒空這樣對嗎？」就算裝熟。以為自己在開玩笑，但女生不會認為你在開玩笑，只會覺得你很冒犯。開玩笑的尺度很難簡單說明，因為有時候，有一點點過分的玩笑確實可以拉近雙方的距離，一點點失禮的玩笑也可以讓對方對你印象深刻。不過**在不熟的狀況下，我不建議開身體部位、美醜、年齡、父母手足的玩笑。**

還有一種裝熟，男生不知道從哪裡收集的資訊，然後就想告訴女生我知道你這些和那些事情喔。而且這時男生又很想營造輕鬆的氣氛，常常用開玩笑的口吻，這些聽來都蠻像威脅的。曾經就連蠻有好感的男生，透露出他有搜尋我，我都有被澆冷水的感覺，我當下沒有多做表示，只是轉移話題。不過我要**提醒諸位男性，你們可能以為找到這些資訊可以拿來當話題，但有沒有想過找到的東西她不一定想談？**

裝熟最好的方法就是取外號，取外號的技巧是不要一開始就很親暱，應該取一些跟親暱比較沒關係的外號，比如小胖。測量的標準就是你敢不敢在大家面前叫，她敢不敢在大家面前應，不敢就不適合了。

與其這麼裝熟，我寧願你客氣點（但拜託不要從「你喜歡看電影嗎？」開始）。

2. 裝可愛

我有時想說是不是因為我太 man，導致會有男生來跟我撒嬌。拜託，我們兩個沒有任何特殊關係，為何以為你可以撒嬌啊？我曾在各種不同的場合講過，要男生不要撒嬌，但很多人還是聽不懂。我後來想想，可能是因為這些男生不知道他們做的事情叫作撒嬌。除非你們互有好感，你們在曖昧，不然對我們這些已經不是小孩子的女生來說，超級令人反感！

就算女生年紀比你大，也不要隨便採取底迪姿態。這世界上雖然有姊弟戀，可是就算是姊弟戀的姊姊，也是想被弟弟照顧。姊姊全天候想照顧弟弟的市場小很多，很多女生遇到裝弟弟的，就會覺得你怎麼都長不大？

底迪姿態最常見的就是在請求什麼事情，耍賴跟傻笑都算在裡面，用很幼稚的語氣和詞彙，還以為這樣很可愛。例如「我不管啦」，「我一定要……啦」。我真的才要拜託你，拜託別人事情的時候就好好拜託，才會有誠意。用底迪姿態來拜託，怎麼不想想你幾歲啦？

與其當小弟弟，不如當大哥哥（但最好不要好為人師）。

3. 說出自己的心意

我蠻難解釋為什麼，但**隨便說出自己的心聲很容易造成尷尬，而女生為了避免尷尬通常都選擇視而不見或是逃走。**邀功或裝可憐都算，你幫了對方忙或者為了約會去訂餐廳，不要說出自己做了多少事，「厚～你都不知道我昨天為了找餐廳如何如何」，這要對方怎麼回答？說「真是麻煩你了，那下次不要再約我好了」嗎？

這不是叫你都不要說出自己的心意，而是如果你們才剛開始相處或才剛當朋友，可能要成熟一點、從容一點，不要進退失據。一直表現出咄咄逼人，做了什麼要得到誇獎、做了什麼好可憐要被摸頭，都不是太好的起點。

裝熟是表現得超過你們本來的距離，撒嬌是暗示自己有某種程度的特權，說出自己的心意是要對方應允你那些超過你應得的事情，都蠻要不得。你想要的東西（親密、特權、特殊待遇）最好是關係發展到一定程度，讓對方主動給你，你才能得意，自己去要通常都得不到，還會有反效果。

#觀察76

聽懂女生的暗示

女孩子總是跟她有興趣的男生有話說，
她講的事情越無聊越瑣碎就代表對方越重要。

自從開始寫部落格以來，常常收到讀者這樣的問題：「大魔王，他這樣或那樣說是什麼意思？」說話的人並不是外星人，但我們總是覺得，除了字面上的意思之外，這個人說話還有別的意思。今天我們就來粗淺地談一下，有哪些別的意思？

男生剛開始跟女生相處的時候，女生的暗示只分兩種：「我很忙」跟「我很閒」。**整天告訴你她很閒的女生就是在叫你約她，趕快約！約她做什麼都好，反正她都跟你說她很閒了。**跟你說她很忙的女生，你就稍安勿躁，也不用自討沒趣。不需要認為她應該是真的很忙吧，我已經講過兩百萬次了，真的想給你約的女生，會努力讓你知道她是真的忙，還會非常明確地給你她有空的時間，甚至會說出「真的很不好意思，下次我請你吃飯」。

「我很閒」這個系列的用語包括「我很無聊」、「最近有什麼電影好看嗎？」、「我想出門」、「我很早就下班啦」、「我不會累啊」。我相信這個等級的說法一般人應該也知道意思：女生說她很忙，忙就是忙，叫你別約的意思。不過我並不認為男生遇到很忙的女生就該放棄，你應該識趣地冷靜一下，但你從來也不知道什麼時候女孩子就把你放在「可以約我出去」的籃子裡，或者哪天你突然講了一個很對她胃口的笑話，她就對你改觀了。總而言之世界變化很快，事情沒有太絕對。

進階的暗示就是發展以後才來的，通常可以分為言語跟肢體上。言語這個項目幾乎可以量化，講話的字數應隨著頻率而增加。女孩子總是跟她有興趣的男生有話說，她講的事情越無聊越瑣碎，就是你越重要的意思。**特別是當她加上「我講這麼無聊的事情你不要介意喔」，就是在等你回說「怎麼會無聊呢，你的事情我都想知道啊」。(男士們不要覺得噁心，勇敢地說出來吧！)**

另外一種暗示是撒嬌，不過我不建議男生用這個來區分，因為能夠用撒嬌來達到目的的女生太多了，她們不是在對「你」撒嬌，撒嬌只是她的方法而已。

肢體上的暗示就是讓你碰她。**比較主動的女生會輕微地碰觸你，女孩子碰你的時候你就可以碰她，但不能超過她碰你的程度**（除非她把眼睛閉起來，哈）。一般的女孩子不會主動碰你，但心情上已經準備好接受肢體接觸。要怎麼知道可以碰她了？我鼓勵男生用拉近肢體距離來判斷，這非常容易。比如說你站得比平常兩人間的距離更近一些，講話的時候把手放在她的椅背上。如果光是在你伸出手之前，已經感覺到她迅速從旁邊退開來，那你就知道答案了。輕微的肢體接觸下，女生默默地離你遠點，把椅子往旁邊挪之類的，你就不用再前進了，她默默留在原地就是OK的意思。更好的方式是打鬧，在有一定交情的情況下，比如呵癢或摸頭之類的。

題外話：男生比女生單純許多，所以不太常拐彎抹角。比較遜一點的是每次心裡想約你，嘴巴就要從「平常週末都在幹嘛啊？」開始，等到他講到要約你的時候，你都已經放下電腦跑去看電視了（或者他還沒講到你就已經把視窗關了）。

#觀察77

學習觀察女生是否對你有好感

要知道女生對你的感覺，不要聽她說什麼，要看她做什麼、或你能對她做什麼。

這個問題我回答過女生，發現男生很多也有同樣的疑惑。

首先我們要搞清楚一件事，女孩子是口是心非的動物。也就是說，她們想什麼，不要說嘴巴上只會透露一點，是嘴巴上完全看不出來，甚至嘴巴上講的都是反話的，根本就是常態。

我給男孩子們的首要建議就是，「不要聽她說什麼，要看她做什麼」。

女孩子一般說來臉皮比較薄，你叫他承認她喜歡你，基本上就是要求太多。要觀察女生的喜歡，我用白一點的說法就是，看你可以對她做什麼。也就是說，她還不一定會主動對你做些什麼，因為她的做可能是不做（舉一些比較可愛的例子：你上線的時候故意不丟訊息給你，開會故意不坐你旁邊，故意跟別人講話）。她的做，可能是「等」，或其實是「逆向操作」。

女生開始對男生有點好感的時候，會一直想他的事情，對他充滿好奇，推測詮釋他行為的意義，跟朋友反覆敘述兩人的相處，觀察他每天的所作所為。這些行為你都觀察不到。

你能觀察到的部分，多數看起來應該都沒什麼；也就是說，她可能不會做出會被你歸類在「喜歡你」的行為，但**會做出「可以親近你或讓你親近」的行為。舉一些簡單的例子：比如說，關心你的私生活，願意把見面和相處的時間延長到夜晚**。女孩子不是有一天突然決定她喜歡你，不是前一天她還沒喜歡你，隔天她就喜歡你。而是這些細瑣同時推動她的想法與身體，讓她體會到自己情感上的變化。所以男孩子與其說是要知道她喜不喜歡我，不如說要觀察這個情勢然後順水推舟。

你在深海裡，要瞭解四周的情況，必須先打出聲納，解讀反彈。回歸本文的開頭，要看女生喜不喜歡你，就看你可以對她做什麼。所以首先就是你得要先做什麼才行。碰她或約她晚一點的活動（午夜場電影、看夜景），頻繁的約她（一週超過一次），任性的臨時邀約和請託，要她「陪」你參加你的活動（買東西、打發時間、派對）……以上分寸請拿捏。

再次聲明，不要聽她說什麼，要看她做什麼。**如果你的行為都得到正面的回饋，她嘴巴上所說的不過是掙扎與身段**。

#觀察78

關心女生的法則

給因為太注意對方而急著想要關心對方、表現自己的人：
有時候你急著想要做的事，就是你不該做的事。

適用關係：你們不是男女朋友，你們沒有曖昧（但或許你想要），只是同事（朋友、好一點的朋友）。

1. 不要問對方是不是心情不好

這是最大最重要的原則，她沒跟你講就是關你屁事，八成是你誤會，你沒誤會的時候她也沒打算要跟你講。你們關係若到可以講心事，你隨便講點什麼別的她也會自己源源不絕把煩惱講出來。所以不要給她壓力，也不要問，最忌諱動不動就一副救世主的樣子，「有事的話可以跟我說。」輪得到你嗎？先生。如果你覺得她好像心情不好，正確的做法是態度輕鬆地跟她攀談，要用當作沒什麼的樣子去提到煩惱，「是因為最近太多人追才煩惱嗎？」（故意開玩笑），如果她想告訴你她就會講「不是啦，其實我……」，如果她順著你把話題岔開那你們就聊別的。

2. 噓寒問暖跟祝別人什麼節快樂的簡訊都很無聊，除非你有哏

「天氣冷要多穿點衣服」，天氣冷我還穿短裙不就是因為我想穿嗎？

3. 可以的話就做點實際的舉動，記住我是說可以的話

假如你知道她生理期來不舒服可以買個巧克力，手腳冰冷可以買暖暖包給她。你的態度會決定她覺得你是要追她還是你只是個紳士，所以如果不知道怎麼表現就不要做。

4. 你有幸聽到她說了煩惱

這也是入門與進階的分隔線，除非她徵詢你的意見，不然不要嘗試幫她解決問題，傾聽然後表示認同跟支持就夠了。如果是感情問題，不要罵那個男的，她罵不代表你可以罵。但如果是其他問題都可以幫她罵。其實幫忙解決煩惱這種事情，我最建議的做法還是逗她笑。所以男生有幽默感非常重要，在我心中這甚至比你的長相跟你的經濟能力都重要。

講到最後好像女生都不需要關心一樣，其實不是。如果你們已經是蠻好的朋友，當然不用管我前面講的那些，文章是要寫給那些跟女生不太熟，卻因為太注意對方而急著想要「關心」對方，「表現」自己的人，有時候你急著想要做什麼，就是不該做什麼。

#觀察79

動人情書的寫作技巧

文字永遠有難以取代的魅力，
在普通對話中偷渡一些巧思，就能讓對方覺得每句話都別具意義。

情書是少數我會留下的東西，等到情書變成曖昧簡訊以後，換了手機就消失了，也不覺可惜。

今天我們要談幾種情書的寫法。

情書當然有很認真的那種，那種請大家各自認真，我沒有什麼可以教你的。靠真情感動對方，沒那麼需要文采。我們今天要講的是，像尾巴一樣掛在後面，偷渡到對方手上的字句，不是邱比特射的那種箭，比較像是喝完最後一口紅茶，才發現杯底原來有圖案（不是求婚戒指）。或是牛奶糖的包裝紙上印的一句俏皮話，你讀完拆開，就覺得這顆糖有點別的東西。

1. 把私話夾在公事裡

先決條件是，她不會把這封信誤轉寄給其他同事，所以請不要使用在會出現「全部回覆」的情況。我的朋友會使用 P.S.，P.S. 之前都是正經的公事，P.S. 後面接一句私事。當然你一開始最好只寫一些無聊無厘頭的事情。比如「P.S. 我今天晚上吃好飽」、「P.S. 今天開會我差點睡著了」、「P.S. 你喜歡奶茶還是紅茶」。這個階段就是丟一些哏，看她會不會接，她若對你視若無睹就結束了，請不要自己發展成「P.S. 你今天好可愛」，這個曖昧的時候才可以用。你可以「P.S. 今天的洋裝很好看」、「P.S. 今天的髮型很好看」。以 P.S. 稱讚對方時要注意，如果對方是正妹，那她很習慣被稱讚了，你稱讚她也無感，只會讓她知道又有一個男生覺得她正，That's all。如果對方是一般人，可以嘗試稱讚，看看她會不會高興。

2. 抬頭取一個外號

一樣要自己拿捏親暱的程度，曖昧的時候曖昧，不曖昧的時候就搞笑。也可以幫自己取，比如「今天加班超累的傑若米」、「凱薩琳之人生真是充滿困惑」（好啦我很沒想像力，又不願意把自己的暱稱拿出來分享，請大家發揮創造力）。

3. 情要放在日常生活裡

情書當然會有談到情的部分。這條規則比較適用於曖昧期。我比較不喜歡言必稱「一生」、

「永遠」、「always」、「forever」、「願意為你」這種類型的東西，畢竟結了婚都不見得有一生，寫寫情書就要說這一生這負擔好沉重。但我想也是有很多浪漫夢幻型的小女生愛聽這些，大家自己斟酌。

我喜歡把情放在日常生活裡，我曾經收過的一封信是這樣（希望他不要怪我把他的事拿出來講）。男生跟我說他**「想買一台相機，這樣以後就可以拍你的各種樣子，你肚子餓的樣子，你吃飽飯的樣子，你覺得冷的樣子，你開心的樣子」**。提到一些日常生活的場景，女生會覺得很窩心。

4. 規律用法請參考「制約」

我曾經做過一件事（希望他看到了不要想起來），那時曾經聽他說過他只要收到信就一定會回，所以我在他發群組信的時候，單獨回給他，就講一些無聊的上課瑣事，可能也順便請教他一些問題。來回幾封信之後，我刻意把回信時間改成每天早上八點，因此他每天早上九點收信就會看到，每天一封。這個方法多有效呢，我第一次沒有回他信，他就打手機給我了，「怎麼啦？」我假裝沒事，他還不能直接開口問我怎麼沒有回信，因為這些都是不能言明的。

最後，我們講比較多男生寫給女生的例子，是因為女生收到情書的效果比男生大很多。沒經驗的男生收到會直接跳到她是不是在叫我衝，有經驗的男生就當作這是調情。女生才會有那種，讀的時候酸酸甜甜的，揪著心的感覺。

#觀察80

無侵略性的靠近方法

無侵略性不是叫你都不要侵略，而是把侵略變成瞬間的事，讓對方在沒有防備的情況下被攻略。

今天我們要談拉近關係的方法之一，無侵略性。很衝的那種，第一次見面就說：「我覺得你很可愛，可以認識你嗎？可以給我你的聯絡方式嗎？」一聊LINE就立刻約（很像外國電影），出去第一次回家就說：「可以追你嗎？」我沒有誇張，這種行為模式很常見。我不是說這樣不會成功，但我不知道這種方式的成功祕訣。

我自己比較建議的，就是讓對方不知道你在靠近她，或者她明知道你在靠近她，卻不知道為什麼你要靠近她，或者她明明就覺得你應該是喜歡她，但沒把握你的喜歡有多喜歡。

也可能是因為我很難親近，幾個我要好的男生好友，都是無侵略性的高手。衝上來的，都會被我一棒子打回去。無侵略性的那種，有一種代表叫作君子。他平常跟你說話都很有分寸，也沒有表現出要約你的意思，也沒有對你多加恭維，但有天你就發現你開口問他要不要去你家拜年，說你剛搬新家，剛布置好，邀請他來坐坐。

某個類型的女生，既期待又怕受傷害。這某程度上有點像是，去遊樂園玩刺激的東西，刺激必須建立在安全感上，不然就會變成恐懼。所以女孩子是建立在她覺得你不會對她怎麼樣，但又萬分之一期待你會對她怎麼樣；但就算你對她怎麼樣，她若要喊停你也會停的信心上。（不過，弔詭的是，女孩子就是這麼反覆，她們有這個信心，又希望自己能吸引你到讓你失控）

如果你整天問她：「你這張照片好美喔。對了，新家怎麼樣，可以去坐坐嗎？什麼時候帶我去參觀一下？」她能不把邀請你聯想成引狼入室嗎？

另外一種無侵略的代表是忍者，他們能夠融入背景，能夠跟各種人相處，他不會搶鋒頭，你要吃飯他可以陪你吃飯，你要喝酒他可以陪你喝酒，你要去郊外騎腳踏車他也可以騎腳踏車，他可以輕鬆認識並且和你朋友相處得宜。有天你就發現你們同進同出像男女朋友。

這會對應到喜歡和男生當朋友的女生，就是開朗大方的那個類型，男生若可以多加參與女生的活動，自然女生對你的好感會增加。這狀況是，你當然可以約她單獨出去，但也可以參與她的團體活動。不消說，這些男生都會有女生朋友，你若沒有女生朋友，幾乎就可以放棄無侵略性這個方法，因為你在女生面前大概不會太自在。

關鍵是，**無侵略性不是叫你都不要侵略，侵略是瞬間的事。你若一直散發出「我要對你怎**

樣」的氣息，只會讓女生很緊張，提早拔腿開跑而已。結論讓我用一下《孫子兵法：九地篇第十一》：「是故使如處女，敵人開戶；後如脫兔，敵不及拒」。意思是，所以軍隊進入戰鬥之前要像處女那樣沉靜，誘使敵人放鬆戒備，露出破綻；軍隊進入戰鬥之後要像逃脫的兔子那樣迅速行動，使敵人措手不及，無法抗拒。

國家圖書館出版品預行編目 (CIP) 資料

精準撩動人心的戀愛人類學 / 張玉琦著；--
二版 . -- 新北市：木馬文化出版：遠足文化發行，2018.05
面；　公分 . --

978-986-359-521-2（平裝）

1. 戀愛　2. 戀愛心理學

544.37　　107004660

精準撩動人心的戀愛人類學：
先觀察，後剖析，多練習，79 個經典情境與實用技巧

作　　者　張玉琦
執 行 長　陳蕙慧
副總編輯　李欣蓉
編　　輯　楊惠琪
社　　長　郭重興
發行人兼出版總監　曾大福
出　　版　木馬文化事業股份有限公司
發　　行　遠足文化事業股份有限公司
地　　址　23141 新北市新店區民權路 108-3 號 8 樓
電　　話　02-22181417
傳　　真　02-22188057
郵撥帳號　19588272 木馬文化事業股份有限公司
客服專線　0800-221029
法律顧問　華洋法律事務所　蘇文生律師
印　　刷　成陽印刷股份有限公司
初　　版　2013 年 2 月
二　　版　2018 年 5 月
二版五刷　2021 年 3 月
定　　價　330 元

＊原書名為《戀愛人類學》